Indonesisch
kookboek

In deze serie verschenen reeds:

Antilliaans kookboek
Indonesisch kookboek
Italiaans kookboek
Marokkaans kookboek
Oven kookboek
Surinaams kookboek
Thais kookboek
Turks kookboek
Vegetarisch kookboek
Wadjan/wok kookboek
Het Complete Basis kookboek

Nieuwe delen in voorbereiding.

WOORDENLIJST

Agar-agar — Eucheuma Spinosum = zeewier

Ajam — kip

Atjar — tafelzuur

Atjar tjampoer — „mixed pickles"

Babi — varken

Bawang merah — sjalotjes

Bawang poetih — knoflook

Blimbing assem — zure vrucht (surrogaat jonge kruisbessen)

Boemboe — kruiden, specerijen

Boong of reboong of reboeng — jonge bamboeloot

Dadar — omelet

Daon — blad

Daon brambang — sla-uitjes

Daon koetjai — bieslook

Daon salam — Ind. laurier

Djabé — Gember

Djeroek poeroet — Citrus Papeda Miq.

Djinten — Carum Carvi. Linn = karweizaad of kummel

Djinten poetih — Cumimum Cyminum, Linn = komijn

Emping — soort kroepoek van blindjovruchtjes

Frikadel — gehakt

Goela djawa — Javaanse bruine suiker

Goreng — bakken

Ikan — vis

Kakap — een tot de zeebaarzen behorende vissoort

Kangkoeng — Ipomoea reptans, een kruipende moerasplant

Kattie — 1¼ pond

Katjang pandjang — lange boonsoort (sperciebooontjes)

Kemangi — Ocimum Basilicum Forma citratum

Kemirie — de noot van de Aleurites Moluccana

(Lees verder andere zijde)

Indonesisch
kookboek

Marjolein Wildschut

Uitgeverij Verba

Illustraties: Paulien Hageman-Boekee
Productie en redactie: TextCase, Groningen
Opmaak: Reclamebureau Hartjes, Winschoten

Distributie: RuitenbergBoek, Soest

www.uitgeverijverba.nl

NUR 442
ISBN 978 90 5513 446 5

Inhoud

Voorgerechten **9**
Martabak 10
Indonesische kippensoep 11
Sop djawa 12
Gebakken tahoe met garnalen 13
Pikante pasteitjes 14
Hapje van kleefrijst 15
Pangsit goreng 16
Gehakt in koolbladeren 17
Gadon ajam 18
Indische pasteitjes 19
Soep van lamsvlees 20

Eiergerechten **21**
Sambal goreng van eieren met petis 22
Gevulde omelet 1 23
Gekruide roereieren 24
Eierenbesengek 25
Telor asin 26
Eieren in ketjap 27
Eieren met petis 28
Omelet uit Java 29
Sambal omelet 30
Omelet met kippelevertjes 31
Smoor tjeplok 32
Gevulde eieren 33
Omelet van eende-eieren met kokos 34
Gevulde omelet 2 35
Omelet uit Padang 36
Sambal eieren 37
Omelet met garnalensaus 38
Garnalenpannekoek 39
Padangse omelet 40

Visgerechten **41**
Piendang ikan ketjap 42
Gekruide sardines uit Borneo 43
Piendang ketjap 44
Mangoet oblok oblok 45
Kabeljauwfilet in pindasaus 46
Makreel in het zuur 47
Atjar ikan 48
Lekkerbekjes in taotjosaus 49
Assam manis van schol 50
Kabeljauw in kokos 51
Makreel in sambalsaus 52
Mangoet van bokkingen 53
Asem garem van vis 54
Kabeljauw met paprika 55
Garnalenfrikadellen 56
Pepervis 57
Boemboe ketjap van schelvis 58
Kabeljauw in gembersaus 59
Boemboe roedjak 60
Garnalen uit Maleisië 61
Geroosterde vis uit Java 62
Schol uit Timor 63
Pikante bokkingen 64
Pikante garnalen 65
Schelvispakketjes 66
Boemboe bali van kabeljauw 67
Schol met gember 68
Schelvis in ketjapsaus 69
Tonijn in ketjapsaus 70
Mangoet koening 71
Bokkingkoekjes 72
Schelvis met kemiriesaus 73

Vleesgerechten **74**
Opor daging 75
Piendang daging 76
Goelai van schapevlees 77
Pikante varkenslapjes met knolselderij 78
Lamsvlees met aardappelen en aubergines 79
Gekruid rundvlees 1 80
Gekruide gebakken runderniertjes 81
Balinese krabbetjes 82
Babi ananas 83
Sambal babi taotjo 84
Semoer daging 85
Lever uit Sumatra 86

Javaanse gehaktballetjes 87
Rundvlees met taugé 88
Rundvlees uit Celebes 89
Ritjah 90
Hachee uit Timor 91
Babi pangang 92
Babi koening 93
Smoor van rundvlees 94
Daging brambang 95
Gestoofd lamsvlees 96
Semoer van vlees 97
Dendeng teri 98
Gestoofd varkensvlees uit Medan 99
Dendeng ragie 100
Abon 101
Maleisisch rundvlees 1 102
Rundvlees uit Semarang 103
Pangang kambing 104
Gehaktballetjes uit Sumba 105
Gestoomde gekruide tartaar 106
Varkensvlees in limoensap 107
Karbonades in sojasaus 108
Dendeng boemboe 109
Gehaktschotel uit Ambon 110
Gekruid rundvlees 2 111
Balinees rundvlees 112
Terih van lever 113
Indisch rundvlees 114
Indonesische frikadellen 115
Smoor van rundertong 116
Empal 117
Runderlapjes in paneermeel 118
Empal daging 119
Varkensvlees met tomaten en aubergines 120
Ketjapkarbonades 121
Atjar babi 122
Maleisisch rundvlees 2 123
Babi sajuran 124
Rendang 125
Varkensvlees in pindasaus 126
Sambal goreng van kalfslever 127
Biefstuk met amandelen 128
Boemboe babi tjin 129
Boemboe bali van vlees 130

Kip- en eendgerechten 131

Ajam blado 132
Boemboe bali 133
Kip in roedjaksaus 134
Duivelse kip 135
Javaanse smoor van kip 136
Ajam setan 137
Piendang ajam 138
Ajam pedis 139
Ajam pangang boemboe besengek 140
Kip met kokos 141
Ajam besengek 142
Pikante kip 143
Ajam pangang 1 144
Kip in gele saus 145
Gevulde kip 146
Kippenbouten uit Djakarta 147
Soto ajam 148
Sambal goreng van kippenlevers 149
Ajam sambal 150
Kippenlevers uit Maleisië 151
Opor van kip 152
Ajam pangang 2 153
Ajam opor 154
Kippenvleugels in ketjap 155
Kip met taugé 156
Kip uit Java 157
Kipfilets met garnalen 158
Kipfilets in kerrie 159
Indonesische kippenbouten 160
Javaanse kip 161
Kelia 162
Mosterdkip 163
Smoor van kipfilets 164
Kip uit Sumba 165
Petjal ajam 166
Soto ajam uit Madura 167
Smoor van eend 168
Eend uit Bali 169
Zwartzuur van eend 170

Satés 171

Speciale kipsatés 172
Sesaté ikan 173
Saté van pepers 174

Saté van makreel 175
Saté uit Bali 176
Saté van lever en varkenshaas 177
Saté van schapenvlees 178
Saté van geitenvlees 179
Saté van grote garnalen 180
Saté van biefstuk 181
Saté babi 182
Saté babi Madura 183
Saté manis 184
Saté manis uit Java 185
Saté goerie 186
Cor's saté babi 187
Saté ajam 188
Saté van gehakt 189
Saté ajam uit Timor 190
Saté van mosselen 191

Groentegerechten en salades 192
Orek arak 193
Aubergines in eiersaus 194
Aubergines uit Ambon 195
Javaanse lotek 196
Sambal goreng van snijbonen 197
Sambal goreng van savooienkool 198
Bogorese tomatensla 199
Maïs-aardappelschotel 200
Groentepetjel 201
Komkommerpetjel 202
Lotek met petjilsaus 203
Piendang boontjes 204
Gebakken bananen 205
Taugéschotel 206
Gemengde groente in het zuur 207
Indische salade 208
Smoor van aubergine en tomaat 209
Sambalboontjes 210
Sambal goreng van taugé 211
Sambal goreng aardappelen 212
Sambal goreng kool 213
Groentesalade met kokossaus 214
Indonesische aardappelkoekjes 215
Gekookte gemengde groente 216
Balinese maïskoekjes 217
Indische groenten-vruchtensalade 218
Aubergines uit Medan 219
Gado-gado 220
Gevulde pepers 221
Gevulde tomaten 222
Ambonees groentegerecht 223

Rijst- en miegerechten 224
Cor's nasi boentjies 225
Nasi keboeli 226
Nasi goreng ajam 227
Kruidige nasi 228
Nasi gorih 229
Nasi goreng 230
Nasi koening 231
Bami uit Java 232
Indische bami 233
Nasi langie 234

Tahoe- en tempégerechten 235
Toemis tahoe met taugé en garnalen 236
Tahoe taotjo 237
Groentetahoe 238
Tahoe telor 239
Gebakken tahoe 240
Tahoe en tempé met boontjes 241
Gebakken tempé 1 242
Gebakken tempé 2 243
Tahoe pedis 244

Sajoers en soepen 245
Sajoer met garnalen 246
Sajoer met lever 247
Sajoer van raapstelen 248
Sajoer van pepers 249
Sajoer bajem 250
Balinese sajoer 251
Sajoer kerrie 252
Tumis met tahoe 253
Sajoer van groenten en kerrie 254
Sajoer met tahoe en tempé 255
Soto madoera 256
Sajoer lodeh 257
Sajoer van aubergines 258

Sajoer asem 259
Sajoer van groenten 260
Sajoer boemboe tjemplung 261
Sajoer bening 262
Garnalensoep 263
Sajoer van bamboescheuten 264
Sajoer koening 265
Sajoer van taugé 266

Sambals 267
Sambal oelek 269
Sambal trassi 269
Sambal manis 269
Sambal badjak 270
Sambal brandal 271
Sambal met rauwe sjalotten 272
Sambal djeroek 273
Sambal met pindakaas 274
Sambal petis 275
Sambal taotjo 276
Sambaltartaar 277
Sambalgehakt 278
Gestoomd sambaltaartje 279
Sambal van gedroogde garnalen 280
Sambal goreng van tomaat 281

Sauzen 282
Ketjapsaus met gebakken tempé 283
Eenvoudige pindasaus 284
Ketjapsaus 285
Satésaus uit Bandung 286
Pinda-chutney 287
Petissaus 288
Ketjapsaus met gebakken kokos 289
Petjilsaus 290
Tomatengembersaus 291
Tomatenketjapsaus 292

Zuren en bijgerechten 293
Atjar 294
Atjar van rode uien 295
Atjar van komkommers 296
Atjar met mosterd 297
Atjar van biet 398
Atjar tjampoer 299
Atjar van tomaten 300
Atjar van varkensvlees 301
Kokos met pinda's 302
Gebakken pinda's 303
Aardappelfrikadel 304
Roedjak manis 305
Roedjak uit Soerabaja 306
Gebakken maïskoekjes 307
Moendoe-moendoe 308
Kokosballetjes 309
Frikadel kentang 310
Garnalenkoekjes 311

Desserts 312
Indonesische broodpudding 313
Rijst met stroop 314
Spekkoek 315
Roti koekoes 316
Kwee mangkok 317
Sesamkoekjes 318
Javaanse pudding met mangga 319
Banaanbeignets 320
Kwee talam 321
Ambonese pudding 322
Bananenkoekjes 323
Rijstkoek uit Timor 324

Register 325

Voorgerechten

Martabak

400 gram lamsgehakt
2 uien
3 eieren
3 eetlepels bieslook
2 eetlepels selderij
2 theelepels ketoembar
1 theelepel djinten
150 gram bloem
water

Maak de uien schoon en snipper ze fijn. Bak ui, knoflook, ketoembar en djinten in wat hete olie. Voeg het lamsgehakt toe en bak het rul en gaar. Haal de pan van het vuur en laat het vlees afkoelen. Was de selderij en het bieslook en hak de kruiden fijn. Klop de eieren los en meng er de kruiden door. Roer het eiermengsel door het vlees.
Maak een beslag door de bloem te zeven en vervolgens bij kleine beetjes water toe te voegen. Maak een glad beslag dat kneedbaar is. Kneed het goed en rol het dun uit. Snijd het vervolgens in stukken van ongeveer 10 cm. Verdeel het vlees over de stukken, vouw de deeglapjes dubbel en plak ze dicht door ze met water vast te drukken. Bak de martabaks in hete olie aan beide zijden bruin en knapperig.

Indonesische kippensoep

2 grote stukken soepkip
2 tenen knoflook, geperst
50 gram taugé
1 ui
3 eetlepels ketjap benteng
1 theelepel koenjit
1 theelepel gemberpoeder of 2 theelepels geraspte verse gember

Zet de kip op met 3/4 liter water, gemberpoeder en koenjit. Breng het water aan de kook, zet het vuur laag en laat de kip drie kwartier trekken.
Haal de stukken kip dan uit de pan en fileer ze. Maak de ui schoon en snipper deze fijn.
Maak de taugé schoon en verwijder de groene vliezen.
Bak ui en knoflook in wat olie even aan, doe de kleingesneden stukken kip erbij en schep even om. Giet er dan de ketjap bij en voeg de taugé toe. Laat een minuut doorbakken, doe het mengsel dan in de bouillon en laat deze nog vijf minuten zachtjes sudderen.

Sop djwawa

500 gram runderpoelet
4 tenen knoflook, geperst
4 aardappelen
1 kleine groene kool
150 gram worteltjes
2 preien
1 theelepel sambal trassi
1 theelepel koenjit

Breng een liter water aan de kook. Voeg het poelet toe en laat dit een paar uur trekken.
Schil de aardappelen en snijd ze in blokjes. Was de kool en snipper hem fijn. Schrap de worteltjes en snijd ze in stukjes. Maak de preien schoon en snijd ze in repen.
Verhit olie in een koekenpan en fruit daarin de aardappelen en de worteltjes even aan. Voeg het knoflook toe en laat het even meesudderen. Doe er dan de sambal en de koenjit door en laat het geheel op laag vuur even bakken. Roer het daarbij goed om. Doe dit mengsel bij de bouillon en laat het een kwartiertje op laag vuur sudderen.
Voeg vervolgens de prei en de kool toe en laat het gerecht nog een kwartier sudderen of zo lang tot de groenten gaar zijn.

Gebakken tahoe met garnalen

500 gram tahoe
125 gram Hollandse garnalen
1 kleine ui
2 tenen knoflook, geperst
mespunt cayennepeper
2 eetlepels bloem
2 eieren
2 eetlepels bladselderij

Hak de tahoe fijn. Was de garnalen, dep ze droog met keukenpapier en hak ze eveneens fijn.
Maak de ui schoon en snipper hem.
Meng tahoe, garnalen, knoflook, cayennepeper en selderij.
Klop de eieren los en voeg de bloem er geleidelijk en onder goed roeren aan toe. Meng de eieren dan met het tahoemengsel.
Roer alles goed door elkaar. Verhit olie in een koekepan.
Bak hierin steeds een grote eetlepel van het tahoemengsel aan beide zijden bruin en gaar. Laat de beignets uitdruipen op keukenpapier en houd ze warm.
De beignets kunnen als voorgerecht worden gegeven, maar zijn ook erg lekker als borrelhapje.

Pikante pasteitjes

350 gram bloem
1 pakje roomboter
1 kop koud water
50 gram dunne mie
3 eetlepels olie
1 ui
250 gram rundergehakt
1/4 theelepel geraspte nootmuskaat
3/4 eetlepel ketjap manis
2 hardgekookte eieren
2 eetlepels fijngehakte peterselie

Zorg ervoor dat de boter goed koud is.
Snijd hem met twee messen door de bloem en kneed het geheel dan tot een vlokkerige massa. Voeg geleidelijk het water toe en kneed de substantie tot een soepel deeg. Maak er een bal van en zet deze een halfuur in de koelkast om op te stijven.
Breng intussen water aan de kook en kook hierin de mie halfgaar. Laat hem in een vergiet uitlekken.
Maak de ui schoon en snipper hem fijn. Fruit deze in de olie even aan. Voeg het gehakt toe en bak dit onder steeds omroeren rul.
Rasp de nootmuskaat erover en voeg de ketjap toe.
Hak de hardgekookte eieren en voeg eieren en peterselie aan het mengsel toe.
Rol de deegbal uit op een koele, met bloem bestoven ondergrond.
Steek er met een glas rondjes uit van ongeveer tien centimeter.
Vorm van het overgebleven deeg weer een bal, rol deze weer uit en vorm er opnieuw rondjes van.
Leg op de helft van elk rondje een lepel van de vulling, vouw de andere helft erover en plak de helften op elkaar door de randen te bevochtigen met water.
Verwarm de oven tot 220° of stand 5 voor.
Bestrijk de pasteitjes eventueel met losgeklopt ei. Ze worden dan extra mooi bruin.
Laat de pasteitjes in ongeveer een halfuur bruin en gaar worden.

Hapje van kleefrijst

250 gram ketan (kleefrijst)
2 x 1/8 blok santen
1 ui
2 tenen knoflook, geperst
1 theelepel ketoembar
1/2 theelepel djinten
1/2 theelepel koenjit
3 gepofte kemirienoten
1/2 theelepel laos
200 gram half-om-half gehakt

Begin met de rijst. Was deze in een vergiet onder stromend koud water. Zet de ketan op met 4 deciliter water en breng het water aan de kook.
Doe er, wanneer de rijst kookt, 1/8 blok santen bij en een mespuntje zout. Roer voorzichtig een keer om en laat de ketan gaar worden.
Schep de gare rijst in een grote platte schaal en laat hem helemaal afkoelen.
Maak intussen de ui schoon en snipper hem fijn. Wrijf ui, knoflook, ketoembar, djinten, koenjit, kemiries en laos tot een brij.
Fruit deze in wat hete olie even aan en voeg vervolgens het gehakt toe. Bak dit onder goed roeren rul.
Doe er dan een kopje water bij, breng dat aan de kook en los de rest van de santen erin op. De liefhebbers van een pittig hapje voegen nog wat sambal naar keuze toe.
Vet een vuurvaste ovenschotel in. Leg de helft van de ketan erin en druk deze goed aan. Leg daarop het gehaktmengsel en vervolgens de rest van de ketan. Druk alles weer goed aan. Bedek het met aluminiumfolie. Laat het gerecht een kwartier in een op 220° of stand 5 voorverwarmde oven bakken. Laat het afkoelen en snijd de koek in puntjes.

Pangsit goreng

Kant-en-klaar gekochte pangsitvellen (deze zijn in vrijwel alle toko's te koop)
400 gram rundergehakt
1 ui
2 tenen knoflook, geperst
1 theelepel sambal trassi
1 theelepel koenjit
1 ei

Maak de ui schoon en snipper hem fijn. Wrijf ui, knoflook, sambal en koenjit tot een brij.
Vermeng de kruidenbrij met het gehakt.
Splits het ei. Klop de dooier los en meng deze eveneens door het gehakt. Vorm er niet te kleine balletjes van.
Vouw elk balletje in een pangsitvel in de vorm van een driehoek.
Plak de vouwen dicht met eiwit.
Bak de pangsit in hete olie op niet te hoog vuur.
Serveer de hapjes met een dipsaus naar keuze.

Gehakt in koolbladeren

400 gram half-om-half gehakt
2 sneetjes bruin brood zonder korst
scheutje melk
4 eetlepels ketjap
1 theelepel trassi
2 tenen knoflook, geperst
8 wittekoolbladeren

Week het brood een paar minuten in de melk en knijp het vervolgens uit. Meng het gehakt met het brood, de ketjap, de sambal en het knoflook.
Snijd de nerf uit de koolbladeren.
Overgiet de bladeren stuk voor stuk met kokend water, zodat ze soepel worden.
Laat ze goed uitlekken.
Verdeel het gehakt in acht porties en leg elke portie in een koolblad. Wikkel dat om het gehakt en steek het blad vast met een cocktailprikker.
Bak de pakjes in hete boter aan, zet het vuur laag, doe een deksel op de pan en laat het gehakt in ca. tien minuten gaar worden.
Controleer steeds of de kool niet aanbrandt en keer de rolletjes van tijd tot tijd.

Gadon ajam

250 gram kipfilets
2 uien
2 tenen knoflook, geperst
1 theelepel sambal trassi
4 gepofte kemirienoten
½ theelepel djinten
theelepel laos
⅛ blok santen
2 eierdooiers

Maal de kipfilets fijn of vraag uw poelier om dat voor u te doen. Maak de uien schoon en snipper ze fijn. Wrijf uien, knoflook, sambal, kemiries en laos tot een brij.
Fruit deze in wat hete olie even aan en voeg vervolgens het kippengehakt toe. Laat dit enkele minuten meebakken.
Klop de eierdooiers los en meng ze met het gehakt. Voeg de santen toe en laat deze onder goed roeren smelten.
Laat het mengsel afkoelen en vorm er een bal of een broodje van. Laat dit in de koelkast opstijven en snijd het in plakken alvorens te serveren.

Indische pasteitjes

500 gram bloem
boter
1 ei
1/8 blok santen
250 gram half-om-half gehakt
1 ui
3 tenen knoflook, geperst
4 gepofte kemirienoten
1 eetlepel ketoembar
1 theelepel djinten
1 theelepel koenjit
2 theelepels sambal trassi

Begin met het deeg. Los de santen op in drie kopjes warm water. Meng santen en ei met de bloem en voeg zoveel boter toe dat wanneer u het deeg kneedt, het van uw handen loslaat.
Maak intussen de vulling. Wrijf ui, knoflook, kemiries, ketoembar, djinten, koenjit en sambal tot een brij. Fruit deze in wat hete olie aan. Voeg vervolgens het gehakt toe en bak het rul.
Rol de deegbal uit en steek er met een flink glas rondjes uit. Leg op elk rondje een lepel van de vulling en vouw het dubbel. Druk de zijkanten goed tegen elkaar aan en plak ze dicht met water. Bak de pasteitjes in niet te hete olie bruin en gaar.

Soep van lamsvlees

250 gram lamslappen
1 kleine groene kool
250 gram taugé
1 plak tempé
2 eetlepels tomatenpuree
1 ui
2 tenen knoflook, geperst
1 theelepel ketoembar
½ theelepel laos
2 theelepels verse geraspte gember of
1 theelepel gemberpoeder
1 eetlepel javaanse suiker of 2 eetlepels bruine suiker
2 salamblaadjes

Snijd het lamsvlees in dobbelstenen of vraag uw slager of hij dat voor u wil doen.
Zet het vlees op met een halve liter water en breng het water aan de kook. Zet het op laag vuur en laat het vlees trekken.
Maak intussen de ui schoon en snipper hem fijn. Wrijf ui, knoflook, ketoembar, laos, gember en suiker tot een brij. Fruit deze in hete olie aan, laat even doorbakken en voeg de brij dan toe aan de bouillon. Doe ook de salamblaadjes erbij en roer tenslotte nog de tomatenpuree door de bouillon.
Maak de kool schoon en snijd hem fijn. Voeg de kool toe aan de soep en laat de kool gaar worden.
Snijd intussen de tempé aan dobbelstenen en bak deze in hete olie bruin.
Maak de taugé schoon en verwijder de groene vliezen.
Voeg tempé en taugé aan de soep toe en laat deze niet langer dan een minuut verder koken.

Eiergerechten

Sambal goreng van eieren met petis

4 eieren
1 ui
2 tenen knoflook, geperst
2 theelepels sambal oelek
1 eetlepel petis
1 theelepel laos
1 serehstengel
1/8 blok santen

Maak de ui schoon en snipper hem fijn. Wrijf ui, knoflook, sambal en laos tot een brij. Fruit deze in hete olie even aan en giet er vervolgens een deciliter water bij. Roer de petis erdoor en voeg de serehstengel toe. Laat het sausje tien minuten sudderen. Kook intussen de eieren hard en pel ze. Bak ze in olie aan alle kanten lichtbruin. Los de santen op in de saus, leg de eieren in de saus en zorg ervoor dat ze goed met de saus bedekt raken. Keer ze een paar maal om.

Gevulde omelet 1

4 eieren
200 gram rundergehakt
1 prei
2 eetlepels ketjap manis
2 theelepels sambal oelek
2 tenen knoflook, geperst
3 sjalotten

Maak de sjalotten schoon en snipper ze fijn. Doe hetzelfde met de prei. Fruit sjalotten, prei en knoflook in wat olie even aan. Voeg de sambal toe en laat deze even meesudderen. Doe het gehakt in de pan en bak het onder goed roeren rul. Giet de ketjap erbij en laat een paar minuten doorsudderen. Klop intussen de eieren schuimig. Bak een mooie omelet. Leg het gehaktmengsel op een helft van de omelet en klap deze dubbel. Desgewenst kunt u de omelet in repen snijden.

Gekruide roereieren

4 eieren
2 sjalotten
2 tenen knoflook, geperst
1 theelepel sambal trassi
½ theelepel djinten
2 theelepels kurkuma

Klop de eieren schuimig.
Maak de sjalotten schoon en snipper ze fijn.
Voeg sjalotten, knoflook, sambal, djinten en kurkuma toe aan de eieren. Meng alles goed door elkaar.
Verhit olie in de pan en giet de eiermassa hierin. Roer goed tot u mooie, niet te droge roereieren krijgt.

Eierenbesengek

4 eieren
1/8 blok santen
1 kippenbouillonblokje
1 ui
2 tenen knoflook uit de knijper
1 theelepel sambal trassi
1 theelepel Javaanse suiker of
2 theelepels bruine suiker
3 theelepels ketoembar
1 theelepel djinten
1 theelepel koenjit
1 theelepel laos
2 gepofte kemirienoten

Kook de eieren hard, laat ze afkoelen en pel ze.
Maak de ui schoon en snipper hem fijn. Wrijf ui, knoflook, gepofte kemiries, sambal, suiker, djinten, koenjit, ketoembar, en laos tot een brij. Fruit deze in wat olie even aan. Voeg dan een kopje water en het bouillonblokje toe. Los de santen op in de saus.
Snijd de eieren overdwars doormidden en laat ze in de saus opwarmen. Keer ze daarbij een paar maal om, zodat ze goed met saus bedekt worden.

Telor asin

8 eenden- of kippeneieren
12 eetlepels grof zeezout
4 deciliter water

Kook de eieren hard en laat ze afkoelen.
Breng het water met het zout aan de kook en laat het afkoelen.
Leg de eieren in een stenen kom.
Giet het afgekoelde gezouten water over de eieren en zet deze twintig dagen op een koele en donkere plaats.
Na de twintig dagen kunt u ze eten als bijgerecht bij de rijsttafel of gewoon met witte rijst of bij de borrel.

Eieren in ketjap

4 eieren
1 ui
1 eetlepel sambal trassi
1 theelepel verse geraspte gemberwortel of 2 theelepels gemberpoeder
1 tomaat
1 theelepel Javaanse suiker of 2 theelepels bruine suiker
olie
6 eelepels ketjap manis

Kook de eieren hard en laat ze afkoelen. Maak de ui schoon en snipper hem fijn. Fruit ui, sambal, gember en suiker in wat olie onder goed omscheppen aan. Ontvel de tomaat en snijd hem in kleine stukjes. Voeg de tomaat toe aan het uimengsel en giet er een kopje heet water bij. Laat het onder af en toe omscheppen zo'n vijf minuten koken. Giet er dan de ketjap bij en breng desgewenst op smaak met peper en zout.
Pel de eieren en snijd ze in tweeën. Warm ze op niet te hoog vuur in de saus op. Keer ze daarbij een paar maal, zodat ze rondom bedekt zijn met de saus.

Eieren met petis

4 hardgekookte eieren
1 ui
2 tenen knoflook, geperst
1 theelepel sambal trassi
1 theelepel laos
1 theelepel Javaanse suiker of 2 theelepels bruine suiker
1½ eetlepel petis oedang
1 theelepel serehpoeder
2 salamblaadjes
2 eetlepels citroensap
⅛ blokje santen

Maak de ui schoon en snipper hem.
Stamp ui, knoflook, sambal, laos, suiker en petis tot een brij.
Fruit dit mengsel in hete olie even aan.
Giet er ¼ liter water bij en voeg de santen toe. Laat deze onder goed roeren smelten. Giet er het citroensap bij en leg de salamblaadjes in de pan.
Laat het sausje op laag vuur tien minuten sudderen.
Pel de eieren en snijd ze in tweeën.
Leg ze in de saus en laat ze daarin opwarmen. Schep ze een paar maal om.

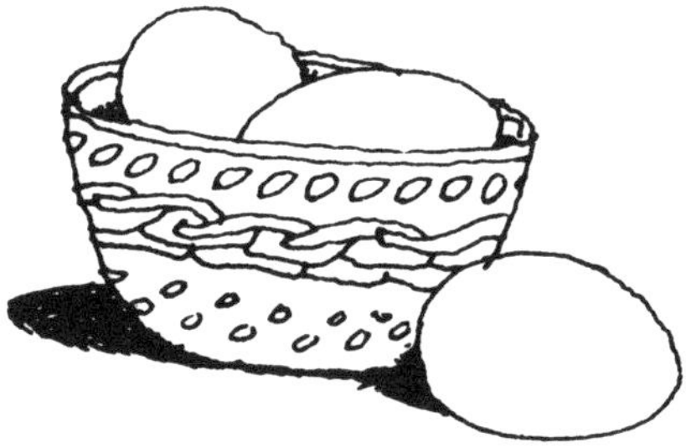

Omelet uit Java

6 eieren
1 kleine ui
3 eetlepels geraspte kokos
1 teen knoflook, geperst
2 theelepels sambal manis

Maak de ui schoon en snipper hem fijn. Wrijf ui, knoflook, kokos en sambal tot een brij. Klop de eieren los en meng ze met de kruidenbrij.

Bak van dit mengsel een mooie omelet.

Klap de omelet dubbel en snijd hem in stukken. Deze omelet kan warm gegeten worden, maar is koud ook heel smakelijk.

Sambal omelet

8 eieren
2 eetlepels kerriepoeder
2 eetlepels sambal manis
2 eetlepels pindakaas
4 eetlepels ketjap manis
1 teen knoflook, geperst
1 theelepel ketoembar

Maak een mengsel van sambal manis, pindakaas en ketjap. Knijp het teentje knoflook erboven uit en meng alles goed.
Doe dit sausje in een steelpannetje met dikke bodem en laat het op zeer laag vuur warm worden.
Klop de eieren los. Roer er de kerrie en ketoembar door.
Bak hiervan een omelet.
Besmeer, wanneer de omelet bijna gaar is, een helft met de sambalsaus. Sla de omelet dubbel, laat nog even doorbakken en serveer direct.

Omelet met kippenlevertjes

8 eieren
150 gram kippenlevers
1 ui
1 theelepel sambal oelek
1 theelepel gemberpoeder of 2 theelepels verse geraspte gember

Maak de ui schoon en snipper hem grof.
Roer ui, sambal en gemberpoeder door elkaar.
Doe er de levertjes bij, schep alles goed om en laat de levertjes een uurtje intrekken.
Fruit de levertjes in hete olie aan, zet het vuur laag en laat ze in een kwartiertje gaar sudderen.
Haal ze dan uit de pan en hak het mengsel fijn.
Klop de eieren los met een scheutje melk.
Bak hiervan een omelet.
Leg deze op een voorverwarmde schotel.
Leg de kippenlevermassa op een helft van de omelet.
Klap de omelet vervolgens dubbel.

Smoor tjeplok

4 eieren
1 ui
4 eetlepels ketjap manis
1 mespunt nootmuskaat
1 theelepel sambal manis
1 teen knoflook uit de knijper

Maak de ui schoon en snipper hem fijn.
Fruit ui, knoflook en sambal in wat hete olie even aan. Voeg de ketjap toe en de nootmuskaat. Giet er een half kopje water bij en laat het sausje even doorkoken.
Bak mooie spiegeleieren.
Giet de saus over de eieren en laat de saus even intrekken alvorens te serveren.

Gevulde eieren

4 eieren
6 sjalotten
2 tenen sambal oelek
1 theelepel gemberpoeder of 2 theelepels geraspte verse gember
3 eetlepels geraspte kokos

Kook de eieren hard, laat ze afkoelen en snijd ze in de lengte doormidden.
Maak de sjalotten schoon en snipper ze fijn.
Fruit ze in een eetlepel olie even aan, voeg dan de sambal, het knoflook, de gember en de kokos toe.
Doe er drie eetlepels warm water bij, zet het vuur laag en laat het mengsel onder goed roeren vijf minuten doorpruttelen.
Wip met een theelepel de dooiers uit de eieren, hak ze fijn en voeg ze toe aan de saus. Roer goed door, totdat alles gemengd is.
Vul de eiwithelften met het mengsel en dien de eieren warm of koud op.

Omelet van eendeneieren met kokos

3 eendeneieren of 4 kippeneieren
3 eetlepels geraspte kokos uit een pakje
1 teen knoflook, geperst
2 theelepels sambal oelek
1 eetlepel ketjap manis
3 sjalotten

Maak de sjalotten schoon en snipper ze fijn.
Klop de eieren los met de ketjap.
Voeg kokos, knoflook, sambal en fijngehakte sjalotten toe en klop tot het mengsel mooi luchtig is.
Verhit olie in een koekenpan.
Giet het eiermengsel erin en laat het naar alle kanten uitlopen, zodat het midden niet te dik wordt.
Laat de omelet zo een paar minuten bakken.
Keer hem dan voorzichtig om en laat de omelet in een minuut of vier lichtbruin bakken. Zorg ervoor dat hij niet te stevig wordt.

Gevulde omelet 2

400 gram lamsgehakt
1 ui
2 tenen knoflook, geperst
2 theelepels sambal manis
1 theelepel ketjap manis
6 eieren
scheutje melk
1 eetlepel olie

Verwarm de olie en voeg het gehakt toe. Bak het gehakt op laag vuur uit. Roer het steeds om, zodat het rul wordt en het vet van het gehakt uitsmelt. Maak de ui schoon en snipper hem. Voeg de ui en het knoflook toe aan het gehakt en laat het geheel even doorbakken. Roer de sambal erdoor en giet er dan de ketjap bij. Zet het vuur laag en laat het gehakt in ca. acht minuten gaar worden.

Klop intussen de eieren los met een scheutje melk. Bak hiervan een omelet.

Wanneer de omelet bijna gaar is, bedekt u een helft met het gehaktmengsel. Klap hem dicht en laat hem nog even in de pan liggen.

Snijd de omelet desgewenst in brede repen. U kunt de omelet warm of koud serveren.

In repen gesneden is dit ook een lekkere borrelhap.

Omelet uit Padang

6 eieren
1 ui
1 theelepel ketoembar
2 theelepels kerriepoeder
1 theelepel sambal trassi
100 gram garnalen
3 eetlepels melk
olie

Maak de ui schoon en snijd hem in dunne ringen.
Fruit deze in wat olie aan. Voeg kerrie en ketoembar toe en laat even doorbakken.
Roer er dan de sambal door.
Klop de eieren los met de melk en wat zout.
Bak hiervan een omelet.
Roer door het uimengsel de garnalen en laat deze even warm worden.
Schep deze massa op de helft van de omelet en sla deze dubbel.
Serveer hem direct.

Sambal eieren

6 eieren
1 ui
4 tenen knoflook uit de knijper
½ theelepel laos
½ theelepel trassi
1 theelepel bruine suiker of
½ theelepel Javaanse suiker
2 rode pepers
1 eetlepel vloeibare tamarinde
een stuk santen ter grootte van een walnoot
olie

Kook de eieren hard, pel ze en snijd ze doormidden.
Maak de ui schoon en snipper hem fijn. Was de pepers, verwijder de steeltjes en hak ze fijn. Wrijf ui, peper en knoflook in de vijzel fijn. Fruit het mengsel in wat olie even aan en voeg vervolgens laos, trassi en tamarinde toe. Doe er een kopje water bij en los de santen erin op. Laat de saus op niet te hoog vuur inkoken, tot u een vrij dikke saus overhoudt. Giet deze over de eieren.

Omelet met garnalensaus

4 eieren
50 gram Hollandse garnalen
1 ui
3 tenen knoflook, geperst
2 theelepels sambal trassi
½ eetlepel petis
2 eetlepels ketjap manis
1 prei
½ deciliter melk

Begin met de saus: maak de ui schoon en snipper hem fijn. Fruit ui, knoflook en sambal in een scheutje olie even aan.
Roer er vervolgens de petis, de ketjap en de melk door. Blijf roeren en laat de saus even doorpruttelen. Het is de bedoeling dat een niet te dikke saus ontstaat. Zonodig kunt u nog een kopje water toevoegen.
Maak de prei schoon en snipper hem fijn.
Spoel de garnalen af.
Roer garnalen en prei door de saus en houd deze op een plaatje warm.
Klop de eieren los met wat water en bak er een mooie omelet van.
Klap de omelet dubbel en doe hem over op een voorverwarmde schaal of bord. Giet de saus erover en serveer direct.

Garnalenpannenkoek

200 gram Hollandse garnalen
1 ei
1 eetlepel ketjap
3 eetlepels bloem
2 takjes selderij
½ theelepel sambal trassi

Klop het ei los en maak van ei, bloem en ketjap een beslag.
Roer de sambal erdoorheen.
Was de selderij en hak de stengels fijn.
Roer de selderij door het beslag.
Voeg tenslotte de gewassen en goed uitgelekte garnalen toe en meng alles goed.
Verhit olie in een koekenpan en bak van dit beslag dunne pannenkoeken.

Padangse omelet

6 eieren
½ ui
2 tenen knoflook uit de knijper
2 theelepels sambal oelek
2 eetlepels fijngeknipt bieslook

Snipper de schoongemaakte ui fijn. Wrijf ui, knoflook en sambal tot een brij. Klop de eieren los met 2 eetlepels water. Roer er de kruidenbrij doorheen, evenals het fijngeknipte bieslook. Bak er in hete olie een mooie omelet van. Rol de omelet op en snijd hem vervolgens in dikke repen. Deze omelet kan warm of koud gegeten worden.

Visgerechten

Piendang ikan ketjap

1 verse makreel
2 uien
3 tenen knoflook, geperst
2 theelepels sambal oelek
½ theelepel trassi
2 theelepels koenjit
2 gepofte kemirienoten
1 serehstengel
3 eetlepels vloeibare tamarinde
5 eetlepels ketjap
1 eetlepel Javaanse suiker of 2 eetlepels bruine suiker

Snijd de schoongemaakte makreel in moten of vraag uw visman om dat voor u te doen.
Smeer de moten in met tamarinde en laat ze een halfuurtje staan. Maak intussen de piendangsaus.
Maak de uien schoon en snipper ze fijn. Wrijf uien, knoflook, sambal, trassi, koenjit en kemiries tot een brij.
Fruit deze in hete olie even aan. Giet er vervolgens 4 deciliter water bij en laat de saus onder goed roeren even sudderen. Voeg dan de ketjap, de suiker en de serehstengel toe en laat de saus een paar minuten sudderen.
Leg de moten vis in de saus en laat ze op niet te hoog vuur in de saus gaar koken.

Gekruide sardines uit Borneo

12 verse sardines
3 eetlepels vloeibare tamarinde
2 theelepels koenjit
1 theelepel sambal trassi

Maak de sardines schoon of vraag uw visman dat te doen. Spoel ze af onder stromend water en dep ze droog. Bak ze in hete olie aan beide kanten bruin. Voeg dan de tamarinde, de koenjit, de sambal en een kopje water toe. Roer goed, zodat alle ingrediënten worden gemengd. Laat het geheel doorkoken, tot de saus grotendeels is verdampt. Desgewenst kunt u nog wat citroensap toevoegen, maar noodzakelijk is dat niet.

Piendang ketjap

4 rode ponen
1 ui
3 tenen knoflook, geperst
1 theelepel sambal trassi
1 theelepel kurkuma
1 theelepel laos
½ theelepel djinten
1 theelepel Javaanse suiker of 2 theelepels bruine suiker
4 eetlepels ketjap manis
4 eetlepels vloeibare tamarinde
1 serehstengel
2 salamblaadjes

Laat de vis door uw visman schoonmaken.
Smeer de vissen in met de tamarinde en laat ze zo een halfuur staan.
Maak de ui schoon en snipper hem fijn.
Wrijf ui, knoflook, sambal, laos, kurkuma, djinten en suiker tot een brij.
Fruit de kruidenbrij in wat hete olie even aan. Voeg vervolgens de ketjap toe, twee kopjes water, de sereh en de salam.
Doe de vis in de pan, breng het geheel aan de kook en laat de vis in de saus zachtjes gaar worden.

Mangoet oblok oblok

2 verse makrelen
2 uien
3 tenen knoflook, geperst
2 theelepels sambal trassi
100 gram sperziebonen
½ bloemkool
2 salamblaadjes
1 theelepel laos
¼ blok santen
½ blok tempé
3 eetlepels vloeibare tamarinde

Snijd de schoongemaakte en van koppen ontdane makrelen in stukken. Wrijf deze in met de tamarinde. Maak de uien schoon en snipper ze fijn. Wrijf uien, knoflook, sambal en laos tot een brij. Fruit deze in hete olie even aan. Voeg drie koppen water toe en breng het geheel aan de kook. Los de santen op in de saus en leg de stukken makreel er in. Laat de makreel op niet te hoog vuur in de saus gaar worden. Haal intussen de sperziebonen af en snijd ze klein. Snijd de bloemkool in roosjes en was die goed. Voeg sperziebonen en bloemkool toe aan de saus en laat ze samen met de vis gaar worden. Snijd de tempé in dobbelstenen en bak deze apart in hete olie bruin. Roer ze op het laatst door de oblok oblok en laat alles goed warm worden.

Kabeljauwfilet in pindasaus

2 flinke kabeljauwfilets
4 eetlepels ketjap manis
3 eetlepels pindasaus (Zie recept 'eenvoudige pindasaus')
$^1/_4$ blok santen
2 eetlepels vloeibare tamarinde
1 theelepel laos
4 eetlepels ketjap manis
citroensap

Spoel de kabeljauwfilets af. Dep ze droog en besprenkel ze met citroensap. Bestrooi ze licht met peper en zout en laat dit ongeveer een kwartier intrekken.
Bak de vis aan beide zijden in hete olie bruin. Haal de vis dan uit de pan en houd hem warm. Doe ketjap, pindasaus, tamarinde en laos in de achtergebleven olie. Roer goed door en giet twee kopjes heet water bij de saus. Voeg de santen toe en laat deze onder goed roeren oplossen. Laat de saus een paar minuten doorpruttelen. Leg dan de vis in de saus en laat deze gaar en warm worden.

Makreel in het zuur

1 flinke verse makreel
4 eetlepels kruidenazijn
2 deciliter olie
1 ui
3 tenen knoflook, geperst
2 theelepels sambal trassi
3 gepofte kemirienoten
1 eetlepel verse geraspte gember of 1/2 eetlepel gemberpoeder
1 theelepel koenjit
2 eetlepels vloeibare tamarinde
1 salamblaadje

Was de vis, dep hem droog en smeer hem in met tamarinde. Laat dit een half uur intrekken.
Maak intussen de ui schoon en snipper hem fijn. Wrijf ui, knoflook, kemiries, sambal, gember en koenjit tot een brij. Verhit de olie en fruit hierin het kruidenmengsel aan.
Giet de azijn erbij en roer alles goed door elkaar. Voeg het salamblaadje toe en leg de vis in de pan. Stoof de vis met het deksel op de pan op niet te hoog vuur gaar.

Atjar ikan

1 gerookte makreel
1 ui
2 tenen knoflook, geperst
3 theelepels sambal trassi
2 theelepels geraspte verse gember of 1 theelepel gemberpoeder
1 theelepel koenjit
2 theelepels kurkuma
½ fles azijn
1 eetlepel mosterdpoeder

Ontvel de makreel en fileer hem. Verdeel het vlees in brokken. Maak de ui schoon en snipper hem fijn. Wrijf ui, knoflook, sambal, gember, koenjit en kurkuma tot een brij. Fruit dit mengsel in wat olie even aan, giet er de azijn bij en laat een paar minuten doorkoken. Maak het mosterdpoeder aan met een lepel water of azijn en giet deze eveneens in de saus. Leg de vis in een schaal en giet de azijn erover. Laat enkele uren in de koelkast trekken en schep de vis daarbij verscheidene malen om.

Lekkerbekjes in taotjosaus

4 kant-en-klare lekkerbekjes
1 ui
5 tenen knoflook, geperst
1 prei
3 eetlepels taotjo
1 eetlepel sambal manis
4 eetlepels tomatenketchup
3 theelepels verse geraspte gember of 1/2 theelepel gemberpoeder
3 eetlepels ketjap manis

Maak de ui schoon en snipper hem fijn. Wrijf ui, knoflook, taotjo, sambal en gember tot een brij. Fruit deze in hete olie even aan. Voeg een kopje water aan de saus toe en roer er vervolgens de tomatenketchup en de ketjap door. De saus moet niet te dik worden, zonodig kunt u nog een half kopje water toevoegen. Laat deze saus even pruttelen en leg vervolgens de lekkerbekjes erin. Laat deze goed warm worden.
Maak de prei schoon en snipper hem fijn.
Bestrooi de lekkerbekjes voor het serveren met de prei.

Assam manis van schol

2 schollen
2 uien
3 tenen knoflook uit de knijper
4 theelepels verse geraspte gember of 2 theelepels gemberpoeder
3 eetlepels vloeibare tamarinde
6 eetlepels ketjap manis
2 theelepels sambal manis
½ eetlepel Javaanse suiker of 1 eetlepel bruine suiker

Smeer de schollen in met de tamarinde en laat deze een halfuur intrekken. Maak intussen de saus. Maak de uien schoon en snipper ze fijn. Wrijf ui, knoflook, gember, suiker en sambal tot een brij. Fruit deze in hete olie even aan, giet er vervolgens een half kopje water en de ketjap bij en laat de saus op laag vuur tien minuten pruttelen. Bak de vis bruin en gaar in hete olie. Leg de vis op een verwarmde schaal of schotel en giet de saus er over.

Kabeljauw in kokos

500 gram kabeljauwfilet
4 eetlepels vloeibare tamarinde
2 tenen knoflook, geperst
3 theelepels sambal trassi
1 theelepel ketoembar
4 gepofte kemiries
1/4 blok santen

Was de kabeljauwfilets en dep ze droog. Smeer ze in met de tamarinde en laat ze een uurtje staan.
Maak een brij van knoflook, sambal, ketoembar en gepofte kemiries.
Verhit een scheutje olie en fruit de brij onder goed roeren even aan.
Giet er een deciliter water bij en los de santen op in de saus.
Doe de kabeljauwfilets in de pan en laat ze op laag vuur gaar worden. Keer de vis daarbij van tijd tot tijd om.

Makreel in sambalsaus

1 grote gerookte makreel
1 ui
2 tenen knoflook, geperst
2 eetlepels vloeibare tamarinde
3 eetlepels ketjap manis
sap van ½ citroen

Maak de ui schoon en snipper hem fijn.
Bak ui en knoflook in wat hete olie even aan.
Voeg de sambal, de tamarinde, de ketjap en het citroensap toe.
Laat alles even doorbakken.
Fileer de makreel.
Verdeel de vis in stukjes.
Laat de vis in de sambalsaus goed heet worden.
Draai de stukken daarbij een paar maal om.

Mangoet van bokkingen

4 gebakken bokkingen
2 uien
2 tenen knoflook, geperst
1 theelepel laos
1 theelepel sambal manis
1 eetlepel suiker
2 eetlepels santen
2 deciliter water

Maak de uien schoon en snipper ze fijn. Wrijf ui, knoflook, laos en sambal tot een brij.
Fruit deze in wat olie aan.
Voeg het water toe en laat de santen in de saus smelten.
Roer alles goed door en laat de saus ca. tien minuten pruttelen.
Leg dan de bokkingen in de saus en warm deze goed op.
Draai ze daarbij eenmaal om, zodat ze de saus goed kunnen opnemen.

Asem garem van vis

4 moten kabeljauwfilet
3 deciliter natuurazijn
3 eetlepels vloeibare tamarinde
3 eetlepels grof zout

Smeer de vis in met de tamarinde en laat dit een halfuur intrekken.
Klop het zout goed door de azijn. Leg de kabeljauwfilets een dag in dit mengsel.
Haal de vis uit de azijn, laat de filets goed uitlekken en dep ze droog met keukenpapier.
Verhit olie in een koekenpan en bak de zure kabeljauw hierin aan weerskanten bruin en gaar.

Kabeljauw met paprika

4 moten kabeljauwfilets
4 sjalotjes
1 theelepel sambal manis
2 theelepels paprikapoeder
½ theelepel geraspte nootmuskaat
sap van 1 citroen

Was de kabeljauw onder stromend water en dep de vis droog.
Maak de sjalotten schoon en hak ze fijn.
Fruit ze in wat olie even aan, voeg de sambal en het paprikapoeder toe en laat even meebakken. Giet er vervolgens een glas lauw water en het citroensap bij. Laat het geheel weer aan de kook komen en breng op smaak met nootmuskaat.
Vet een ovenschotel in en leg de kabeljauwfilets erin.
Giet de saus erover en schuif de schotel in een op 220° of stand 5 voorverwarmde oven.
Laat de vis in ca. een halfuur gaar worden.

Garnalenfrikadellen

300 gram gekookte garnalen
2 sneden witbrood zonder korst
1 theelepel sambal manis
4 takjes selderij
1 prei
2 eieren
paneermeel

Hak de garnalen grof.
Week het brood in melk of water en knijp het vervolgens uit.
Maak de prei schoon en snipper hem fijn. Was en hak de selderij.
Meng garnalen, brood, sambal, prei en selderij goed.
Klop de eieren los en meng ze eveneens met de massa.
Rol er afgeplatte ballen van en wentel deze door paneermeel.
Bak de frikadellen in hete olie of boter aan alle kanten bruin en gaar.

Pepervis

4 moten kabeljauwfilet
3 rode Spaanse pepers
3 tomaten
2 theelepels verse geraspte gember of 1 theelepel gemberpoeder
sap van 1 citroen
2 eetlepels fijngeknipt bieslook

Bak de kabeljauwfilets aan beide kanten gaar en bruin. Haal ze uit de pan en houd ze warm.
Was de pepers en verwijder de steeltjes. Hak ze fijn. Ontvel de tomaten en snijd ze klein.
Fruit in de achtergebleven boter of olie de pepers even aan.
Voeg de tomaten toe en laat deze onder goed roeren een paar minuten meebakken. Giet het citroensap erbij en kruid het geheel met gember.
Laat alles in ca. tien minuten met een deksel op de pan en onder af en toe roeren tot een saus koken.
Doe de vis weer in de pan en laat deze door en door warm worden.
Keer de vis een paar maal om, zodat de filets aan alle kanten met saus bedekt zijn.

Boemboe ketjap van schelvis

500 gram schelvis
2 eetlepels bloem
1 deciliter melk
2 uien
4 tenen knoflook, geperst
2 theelepels sambal oelek
6 eetlepels ketjap manis
sap van ½ citroen

Roer ei, melk en bloem tot een beslag.
Was de filets, dep ze droog en haal ze door het beslag.
Maak de uien schoon en snipper ze fijn. Wrijf uien, knoflook en sambal tot een brij.
Fruit deze in wat hete olie onder goed roeren een paar minuten aan.
Giet vervolgens een kopje water in de pan, laat even opkoken en roer door tot alles goed gemengd is. Breng de saus op smaak met ketjap en citroensap en laat even op niet te hoog vuur pruttelen.
Bak intussen de schelvis in hete olie aan weerszijden bruin. Leg de stukken vis in de saus en laat ze op niet te hoog vuur gaar worden.

Kabeljauw in gembersaus

4 moten kabeljauwfilet
50 gram Javaanse suiker of
100 gram bruine suiker
4 theelepels verse geraspte gember
of 2 theelepels gemberpoeder
1 theelepel tamarinde
1 theelepel sambal trassi

Was de kabeljauwfilets onder koud stromend water en dep ze droog. Smeer ze in met de tamarinde en laat ze zo een halfuurtje staan. Bak ze vervolgens in hete olie bruin en gaar. Doe de suiker, gember en sambal in de achtergebleven olie. Voeg twee kopjes water toe en breng het geheel aan de kook.
Laat de suiker onder goed roeren smelten en laat de saus vervolgens wat inkoken.
Doe de vis terug in de pan en laat de filets in de saus warm worden.

Boemboe roedjak

4 lekkerbekjes
1 ui
3 tenen knoflook, geperst
3 gepofte kemirienoten
4 Spaanse pepers
1 theelepel laos
1 theelepel trassi
2 theelepels Javaanse suiker of 4 theelepels bruine suiker
1 eetlepel vloeibare tamarinde
2 salamblaadjes
1/8 blok santen

Was de Spaanse pepers, verwijder de stelen en hak ze fijn. Maak de ui schoon en snipper hem.
Wrijf ui, knoflook, spaanse pepers, kemiries, laos, trassi en suiker tot een brij.
Fruit deze in wat olie aan, voeg de salamblaadjes toe en laat deze even meebakken.
Roer er dan de tamarinde doorheen en voeg 1 deciliter warm water toe.
Roer alles goed door en los de santen in de saus op.
Leg de lekkerbekjes in de saus en laat deze goed warm worden.
Draai ze eenmaal om.

Garnalen uit Maleisië

12 grote Chinese garnalen
½ blok santen
1 theelepel kurkuma
1 rode ui
2 eetlepels olie

Maak de ui schoon en snijd hem in dunne ringen.
Verhit de olie in een koekenpan en fruit de uiringen even aan.
Voeg de kurkuma toe en laat alles op matig vuur een minuut doorbakken.
Giet een kopje water in de pan en los de santen op in de saus.
Pel de garnalen en verwijder het darmkanaal.
Doe de garnalen bij de saus en laat deze tien minuten op niet te hoog vuur sudderen, tot de garnalen gaar zijn.

Geroosterde vis uit Java

500 gram platvis, bijvoorbeeld schol, neustong, tong, schoongemaakt en ontveld, maar niet gefileerd
5 eetlepels ketjap manis
3 theelepels sambal trassi
1 eetlepel Javaanse suiker of 2 eetlepels bruine suiker
2 tenen knoflook, geperst
sap van ½ citroen
scheutje ketjap
1 spaanse peper

Maak een sausje van de ketjap, sambal, trassi, suiker, knoflook en het citroensap.
Marineer de vis hier minstens een uur in. Haal hem dan uit de marinade, en dep hem droog.
Bewaar de marinade.
Rooster of grilleer de vis aan beide kanten gaar.
Bestrijk hem van tijd tot tijd met de overgebleven marinade.
Na een kwartier tot twintig minuten zal de vis gaar zijn. Leg hem dan op een voorverwarmde schotel.
Giet er nog wat ketjap over en bestrooi de vis met de schoongemaakte en fijngehakte peper.

Schol uit Timor

500 gram scholfilets
200 gram taugé
1 ui
2 tenen knoflook, geperst
8 eetlepels ketjap manis
2 theelepels sambal oelek
4 eieren

Was de taugé en verwijder de groene zaadjes. Maak de ui schoon en snipper hem fijn.
Maak een sausje van ketjap, sambal, uisnippers en knoflook.
Vet een ovenschaal in met olie. Leg hierin de helft van de taugé. Schenk daarop de helft van de saus. Leg de scholfilets op de taugé en bedek ze met de andere helft van de taugé. Giet de rest van de saus erover.
Klop de eieren los, eventueel met nog een scheutje ketjap, en schenk ze over het gerecht. Zet de schaal ca. veertig minuten in een op stand 5 of 220° voorverwarmde oven.

Pikante bokkingen

4 gebakken bokkingen
5 Spaanse pepers
2 uien
2 tenen knoflook, geperst
½ theelepel trassi
2 tomaten
2 eetlepels petis
⅛ blok santen
2 salam- of laurierblaadjes

Maak de uien schoon en snipper ze. Was de pepers, verwijder de steeltjes en hak ze fijn. Fruit uien, pepers en knoflook in wat olie aan.
Ontvel de tomaten en snijd ze in stukken. Voeg deze aan het uimengsel toe en laat op niet te hoog vuur tien minuten bakken tot er een sausje ontstaat. Voeg dan de trassi, petis en salamblaadjes toe. Roer alles goed door elkaar. Doe een kopje water bij de saus en smelt het blok santen erin. Gebruik zonodig wat meer water. Laat de saus nog even doorsudderen.
Snijd de bokkingen in stukken en verwarm ze in de saus.

Pikante garnalen

250 gram Hollandse garnalen
2 eetlepels petis
1 ui
2 tenen knoflook, geperst
1 theelepel laos
1 theelepel Javaanse suiker of 2 theelepels bruine suiker
2 theelepels sambal trassi
2 eetlepels vloeibare tamarinde
1 salamblad
stukje santen ter grootte van een walnoot

Maak de ui schoon en snipper hem. Wrijf ui, knoflook, suiker en sambal trassi tot een brij. Verhit olie in een koekepan en fruit het kruidenmengsel even aan. Voeg de petis toe en roer er vervolgens de tamarinde en een half kopje water door. Doe het salamblad erbij en laat de saus een paar minuten doorsudderen. Smelt dan het stukje santen in de saus. Laat opnieuw doorsudderen. Doe de garnalen in de saus en laat deze goed warm worden.

Schelvispakketjes

500 gram schelvisfilet
1 ui
2 eetlepels sambal oelek
4 tenen knoflook, geperst
5 gepofte kemirienoten
1 theelepel trassi
4 djeroek peroet-blaadjes
1 eetlepel Javaanse suiker of
2 eetlepels bruine suiker

Verdeel de vis in vieren. Maak de ui schoon en snipper hem fijn. Wrijf ui, knoflook, sambal, kemiries, trassi en suiker tot een brij. Fruit deze in hete olie onder goed roeren even aan. Smeer vier velletjes aluminiumfolie in met olie. Leg op elk velletje een deel van de vis. Verdeel de kruidenbrij over de vis en leg op elke vis een djeroek peroet-blaadje. Vouw de pakketjes dicht. Verwarm de oven voor op 220° of stand 5. Doe de pakketje in de oven en laat de vis gaar worden.

Boemboe bali van kabeljauw

750 gram kabeljauwfilets
1 ui
2 tenen knoflook, geperst
2 theelepels sambal trassi
1 theelepel verse geraspte gember of 1/2 theelepel gemberpoeder
1 theelepel laos
1/2 theelepel djinten
1 klein blik tomatenpuree
2 salamblaadjes
2 djeroek peroet-blaadjes
1 serehstengel

Spoel de kabeljauwfilets af en dep ze droog. Bak ze in hete olie aan beide kanten gaar.
Haal ze uit de pan en houd ze apart.
Maak de ui schoon en snipper hem fijn. Wrijf ui, knoflook, gember, sambal, laos en djinten tot een brij.
Fruit deze in de achtergebleven olie aan. Doe er een kopje water bij en roer de tomatenpuree erdoor. Voeg de sereh, de salam en de djeroek peroet toe.
Leg de vis terug in de pan en breng het geheel even aan de kook.
Zet het vuur laag en laat de kabeljauwfilets in de saus zachtjes gaar worden.

Schol met gember

4 kleine schollen
1 theelepel sambal trassi
2 tenen knoflook, geperst
1 theelepel verse geraspte gember of ½ theelepel gemberpoeder
sap van ½ citroen
1 theelepel Javaanse suiker of 2 theelepels bruine suiker
3 eetlepels ketjap manis
bloem

Was de schollen onder stromend water en wrijf ze droog.
Haal ze door de bloem en bak ze in olie aan weerskanten bruin.
Haal de vissen uit de pan.
Fruit in de achtergebleven bakboter sambal, knoflook en gemberpoeder even aan. Giet het citroensap en de ketjap erbij en smelt de suiker in de saus. Doe er nog een kopje water bij en roer de saus goed door.
Doe de vis weer in de pan en laat de vis in de saus op niet te hoog vuur gaar stoven.

Schelvis in ketjapsaus

4 schelvisfilets
1 ui
2 tenen knoflook, geperst
2 Spaanse pepers
1 theelepel laos
2 salamblaadjes
1 serehstengel
2 eetlepels vloeibare tamarinde
6 eetlepels ketjap manis

Was de vis onder koud stromend water en dep de filets droog. Smeer ze in met vloeibare tamarinde en laat ze dan een half uur staan.
Maak de ui schoon en snipper hem fijn. Maak de pepers schoon, verwijder de steeltjes en hak ze fijn. Zet een pan op met drie kopjes water. Voeg ui, pepers, knoflook, laos, salam en serehstengel toe en breng het water aan de kook. Doe de vis erbij, giet de ketjap erover en laat het geheel een half uur op niet te hoog vuur sudderen, tot de vis gaar is.
Haal de filets uit de pan en leg ze op warme borden of een warme schaal. Kook de saus op hoog vuur snel iets in en giet de saus over de vis.

Tonijn in ketjapsaus

1 blikje tonijn in olie
2 uien
4 tenen knoflook, geperst
1 theelepel sambal trassi
5 eetlepels ketjap
sap van ½ citroen

Laat de tonijn goed uitlekken. Maak de uien schoon en snipper ze fijn. Wrijf uien, knoflook en sambal tot een brij. Fruit deze in wat hete olie onder goed roeren gedurende een paar minuten aan. Giet er dan een kopje water bij en breng de saus op smaak met ketjap en citroensap. Voeg de tonijn toe en laat deze in de saus goed heet worden.

Mangoet koening

1 verse makreel
2 uien
3 tenen knoflook, geperst
2 theelepels sambal oelek
2 theelepels koenjit
1 theelepel laos
1 theelepel verse geraspte gember of ½ theelepel gemberpoeder
1 serehstengel
3 eetlepels vloeibare tamarinde

Snijd de schoongemaakte en van kop ontdane makreel in stukken of vraag uw visman om dat voor u te doen. Smeer de stukken vis in met de tamarinde en laat dit een halfuur intrekken. Maak intussen de saus. Maak de uien schoon en snipper ze fijn. Wrijf ui, knoflook, sambal, koenjit, gember en laos tot een brij. Fruit deze in hete olie onder goed roeren even aan. Giet er vervolgens een kop water bij en leg de serehstengel erin. Laat even doorkoken en leg de stukken vis in de saus. Laat de vis in de saus gaar worden en keer de stukken van tijd tot tijd om.

Bokkingkoekjes

6 spekbokkingen
3 aardappelen
1 ei
1 ui
2 tenen knoflook, geperst
1 theelepel sambal trassi
1 theelepel djinten
½ theelepel laos
1 theelepel ketoembar
paneermeel

Kook de aardappelen gaar en pel ze. Verwijder vel en graten van de bokkingen en prak het visvlees met de aardappelen fijn. Maak de ui schoon en snipper hem. Wrijf ui, knoflook, sambal, djinten, laos en ketoembar tot een brij. Prak deze kruidenbrij door de bokkingpuree en zorg ervoor dat alles goed gemengd is. Vorm van deze massa platte koekjes en haal deze eerst door losgeklopt ei en vervolgens door paneermeel. Bak de bokkingkoekjes in hete olie aan weerskanten bruin.

Schelvis met kemiriesaus

4 schelvisfilets
1 ui
3 tenen knoflook, geperst
3 theelepels sambal oelek
15 gepofte kemirienoten
2 theelepels ketoembar
1 theelepel djinten
1 theelepel laos
3 eetlepels vloeibare tamarinde

Spoel de vis af onder koud stromend water, dep de filets droog en smeer ze in met de tamarinde. Laat dit een halfuur intrekken. Maak de ui schoon en snipper hem fijn. Wrijf ui, knoflook, sambal, kemiries, ketoembar, djinten en laos tot een brij. Fruit deze in hete olie even aan en laat vervolgens onder goed roeren nog een paar minuten pruttelen.
Voeg drie kopjes warm water toe en roer alles goed door. Laat de saus een paar minuten zachtjes koken.
Bak intussen de schelvisfilets in hete olie aan beide zijden bruin. Leg de vis in de saus en laat de filets goed gaar worden.

Vleesgerechten

Opor daging

500 gram varkenslappen
2 uien
3 tenen knoflook, geperst
1 theelepel ketoembar
2 theelepels sambal trassi
4 gepofte kemirienoten
1 theelepel laos
1 serehstengel
2 djeroek peroet-blaadjes
$^{1}/_{8}$ blok santen

Maak de uien schoon en snipper ze fijn. Wrijf uien, knoflook, ketoembar, sambal, trassi, kemiries en laos tot een brij. Fruit deze in wat olie even aan. Giet 4 deciliter water bij de saus, breng deze aan de kook en laat een paar minuten pruttelen. Doe er vervolgens de serehstengel en de djeroek peroet bij. Snijd het vlees in dobbelstenen en voeg het bij de saus. Laat het vlees in de saus gaar koken. Los, wanneer het vlees gaar is, de santen op in de saus.

Piendang daging

1 pond runderlappen
2 uien
4 tenen knoflook, geperst
2 theelepels verse geraspte gember of 1 theelepel gemberpoeder
2 theelepels sambal trassi
3 gepofte kemirienoten
1 serehstengel

Bestrooi het vlees met zout en snijd het vervolgens in niet te kleine dobbelstenen.
Verhit olie in een koekenpan en bak het vlees hierin aan alle kanten bruin. Haal het vervolgens uit de pan.
Maak de uien schoon en snipper ze fijn. Wrijf uien, knoflook, koenjit, gember, trassi en kemiries tot een brij. Fruit deze in de achtergebleven olie even aan. Giet er vervolgens 4 deciliter water bij en laat de saus even sudderen.
Voeg het vlees toe en laat dat op niet te hoog vuur met het deksel op de pan gaar worden.

Goelai van schapenvlees

800 gram schapenvlees (eventueel te vervangen door lamsvlees)
1 ui
4 tenen knoflook, geperst
3 theelepels sambal manis
4 gepofte kemiries
2 theelepels ketoembar
1 theelepel djinten
1/2 theelepel gemalen nootmuskaat
2 theelepels verse geraspte gember of 1 theelepel gemberpoeder
1 serehstengel
3 salamblaadjes
3 blaadjes djeroek poeroet
1/4 blok santen

Snijd het vlees in flinke dobbelstenen en zet het op met 3/4 liter water en breng het aan de kook.
Maak intussen de ui schoon en snipper hem fijn. Wrijf ui, knoflook, sambal, kemirienoten, ketoembar, djinten, nootmuskaat en gember tot een brij. Fruit deze even in wat olie aan en voeg de sereh, de salam en de djeroek peroet toe.
Laat het vlees op laag vuur gaar sudderen en smelt voor het opdienen de santen in de saus.

Pikante varkenslapjes met knolselderij

500 gram varkenslapjes
1 prei
1 ui
2 tenen knoflook, geperst
2 theelepels verse geraspte gember of 1 theelepel gemberpoeder
3 eetlepels ketjap manis
3 eetlepels sambal oelek
1 knolselderij
boter

Snijd het vlees in dobbelstenen of vraag uw slager dat voor u te doen. Bak het vlees rondom aan in hete olie. Maak ui en prei schoon en snipper ze fijn. Doe ze bij het vlees en laat even meebakken, evenals het knoflook. Doe de gember en de sambal erbij en laat deze even meefruiten. Giet er dan de ketjap bij, zet het vuur laag en laat het vlees zachtjes gaar worden. Schil intussen de knolselderij en snijd deze in dobbelsteentjes. Smelt een klontje boter en bak hierin de dobbelsteentjes knolselderij gaar. Voeg ze, als ze net gaar zijn, bij het vlees, schep alles goed door en laat nog een paar minuten doorsudderen.

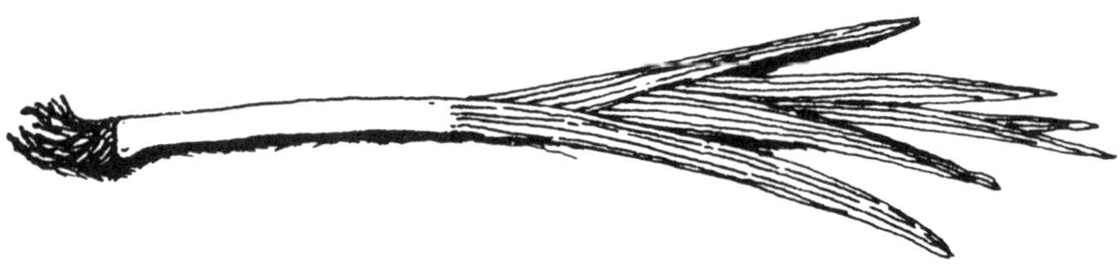

Lamsvlees met aardappelen en aubergines

4 plakken lamsbout van 100 gram
5 pudinablaadjes (muntblaadjes)
4 groene pepers
sap van 1 citroen
5 flinke aardappelen
2 aubergines
4 tomaten
1 theelepel Javaanse suiker of
2 theelepels bruine suiker
2 tenen knoflook uit de knijper

Snipper de pudinablaadjes heel fijn. Was de pepers, verwijder de steeltjes en snijd ze overdwars open. Haal de pitjes eruit en hak ze fijn. Meng pudinablaadjes, pepers en knoflook door het citroensap en wrijf hiermee de plakken vlees in. Laat het vlees zo een uur marineren. Kook intussen de aardappelen in de schil, laat ze afkoelen en pel ze. Maak de ui schoon en snijd hem in ringen. Was de aubergines, verwijder de stelen en snijd ze in schijven. Was de tomaten en snijd ze in vieren. Bak het vlees in hete olie aan weerskanten aan. Zet het vuur laag, voeg een kopje water toe en laat het bijna gaar worden. Doe de groenten bij het vlees, roer ze even om en laat het gerecht nog tien minuten stoven.

Gekruid rundvlees 1

500 gram mager rundvlees
½ blok santen
10 salamblaadjes
10 gedroogde Spaanse pepers
2 uien
3 tenen knoflook, geperst
1 eetlepel ketoembar
1 theelepel djinten
2 theelepels bruine suiker of
1 theelepel Javaanse suiker
1 theelepel laos

Zet het vlees op met zoveel kokend water dat het net onder staat. Laat het vlees op laag vuur gaar trekken. Haal het dan uit de pan en snijd het in dunne repen.
Los het blok santen op in de warme bouillon.
Maak de ui schoon en snipper hem fijn. Wrijf ui, knoflook, Spaanse pepers, ketoembar, djinten, laos en suiker tot een brij. Meng deze met de kokosmelk en doe het vlees weer in de pan. Voeg de salamblaadjes toe en laat alles sudderen tot het vocht verdampt is.

Gekruide gebakken runderniertjes

500 gram runderniertjes
1 theelepel versgeraspte gember of 2 theelepels gemberpoeder
2 tenen knoflook, geperst
2 uien
1 theelepel kurkuma
1 theelepel koriander
1 theelepel piment
3 gepofte kemirienoten
2 theelepels kaneelpoeder
2 eetlepels vloeibare tamarinde
2 theelepels Javaanse suiker of 4 theelepels bruine suiker

Leg de niertjes gedurende een halfuur in een bak met water. Verschoon dan het water en laat ze nog een half uur liggen. Haal ze dan uit het water en spoel ze met koud water af. Halveer ze en verwijder eventuele ongerechtigheden. Snijd de niertjes in kleine stukken.
Meng gember, knoflook en wat zout en smeer de niertjes hiermee in. Laat ze zo drie kwartier marineren.
Maak intussen de ui schoon en snipper hem fijn. Fruit de ui samen met de kurkuma, ketoembar, piment, fijngemaakte kemiries en de kaneel onder goed omscheppen aan in wat olie. Doe er dan de niertjes bij en laat deze kleuren. Giet er dan twee kopjes water bij, zet het vuur laag en laat de niertjes gaar worden.
Breng het gerecht op smaak met tamarinde, kaneel en suiker.

Balinese krabbetjes

750 gram krabbetjes met flink wat vlees eraan
1 ui
2 tenen knoflook, geperst
3 theelepels verse geraspte gemberwortel of $^1/_2$ theelepel gemberpoeder
4 eetlepels ketjap manis
1 theelepel vloeibare tamarinde
2 theelepels Javaanse suiker of 4 theelepels bruine suiker

Maak de ui schoon en snipper hem fijn. Wrijf ui, knoflook, gember en sambal tot een brij. Voeg de tamarinde, de ketjap en de suiker toe en roer alles goed door elkaar.
Bak de krabbetjes in wat olie aan alle kanten bruin. Voeg het bovengenoemde mengsel toe, evenals een kopje heet water. Roer alles goed door elkaar. Leg het deksel op de pan, zet het vuur laag en laat de krabbetjes in een halfuurtje gaar worden. Keer ze van tijd tot tijd, zodat ze goed bedekt zijn met de saus.

Babi ananas

400 gram varkenshaas
1 ui
1 theelepel laos
1 theelepel kurkuma
klein blikje tomatenpuree
2 tenen knoflook, geperst
1 theelepel sambal manis
2 eetlepels ketjap manis
2 eetlepels sherry (desgewenst)
2 schijven ananas

Snijd het vlees in dobbelstenen. Maak de ui schoon en snipper hem grof. Fruit de ui en het knoflook in hete olie even aan en voeg het vlees toe. Laat dit rondom bruin worden. Doe dan de sambal, de laos, de kurkuma, de ketjap en de sherry in de pan en roer alles goed door. Zet het vuur laag en laat het vlees gaar worden. Snijd de schijven ananas klein en roer de stukjes op het laatst door de saus. Laat goed doorwarmen en serveer direct.

Sambal babi taotjo

400 gram varkenshaas
1 eetlepel taotjo
3 eetlepels ketjap manis
2 tenen knoflook, geperst
2 theelepels sambal manis
1 ui

Snijd de varkenshaas in dobbelstenen. Maak de ui schoon en snipper hem fijn. Wrijf ui, knoflook en sambal tot een brij en roer er de taotjo door. Verhit een scheut olie en bak het vlees daarin aan. Voeg de kruiden toe en roer alles goed door. Giet de ketjap erbij, zet het vuur laag en laat het vlees zachtjes gaar sudderen.

Semoer daging

500 gram mals rundvlees
3 eetlepels vloeibare tamarinde
1 ui
1 teen knoflook, geperst
1 theelepel sambal manis
3 eetlepels ketjap manis.
1/2 theelepel versgeraspte nootmuskaat
peper
zout

Wrijf het vlees in met de tamarinde en laat dit een paar uur intrekken. Dep het vlees dan droog en snijd het in plakken van ongeveer een centimeter dik. Bestrooi het vlees met peper, zout en nootmuskaat. Maak de ui schoon en snipper hem fijn. Fruit uit en knoflook even aan in wat hete olie en laat de sambal een minuut meebakken. Voeg dan de plakken vlees toe en bak deze aan weerszijden bruin. Giet de ketjap erbij en 1/4 liter water. Zet het vuur laag en laat het vlees ca. een halfuur sudderen of tot het gaar is.

Lever uit Sumatra

400 gram kalfslever
3 eetlepels pindakaas
3 eetlepels ketjap manis
2 eetlepels ketjap benteng
2 theelepels sambal oelek
bloem

Snijd de lever in plakken. Bestrooi deze met bloem. Bak de plakken in hete olie aan weerszijden bruin. Haal de plakken dan uit de pan. Doe de pindakaas bij het achtergebleven vet. Roer er vervolgens de beide soorten ketjap door en laat het geheel even pruttelen. Voeg een paar eetlepels warm water toe als de saus te dik mocht zijn. Breng de saus op smaak met de sambal. Leg de repen lever in de saus en laat deze in ca. vijf minuten gaar worden. Sudder beslist niet te lang, want dan wordt de lever taai en dat is zonde.

Javaanse gehaktballetjes

500 gram half-om-half gehakt
1 ui
1 theelepel sambal oelek
1 mespunt trassi
1 theelepel kerriepoeder
1 theelepel Javaanse suiker of 2 theelepels bruine suiker
1 ei
4 eetlepels ketjap benteng

Maak de ui schoon en snipper hem fijn.
Maak het gehakt aan met het losgeklopte ei. Roer er vervolgens de ketjap door en voeg de uisnippers, de sambal, de trassi, het kerriepoeder en de suiker toe. Meng alles goed. Vorm kleine balletjes van het gehakt en zet deze een uurtje in de koelkast om op te stijven.
Verwarm olie in een koekenpan, voeg de gehaktballetjes toe en bak deze aan alle kanten bruin. Zet het vuur laag en laat de balletjes in ongeveer tien minuten gaar worden. Keer ze daarbij van tijd tot tijd.

Rundvlees met taugé

500 gram magere runderlappen
2 uien
2 tenen knoflook, geperst
100 gram gesneden soepgroenten
½ liter bouillon van een blokje
150 gram taugé
8 eetlepels ketjap manis
1 theelepel sambal manis

Maak de uien schoon en snipper ze grof. Snijd de runderlappen in dobbelstenen.
Bak de runderlappen in hete olie aan alle kanten bruin, haal ze met een schuimspaan uit de pan en houd ze apart.
Fruit ui, knoflook en soepgroenten in het achtergebleven vet aan. Doe het vlees erbij en laat even doorbakken. Giet vervolgens de bouillon erbij, roer ketjap en sambal erdoor en laat het vlees in ca. een uur gaar worden.
Maak intussen de taugé schoon en verwijder de vliezen.
Doe de taugé erbij wanneer het vlees gaar is en laat deze zo'n minuut of drie meesudderen, tot de groente niet meer rauw, maar nog wel knapperig is.

Rundvlees uit Celebes

1 kilo runderlappen
4 eetlepels kerriepoeder
1 theelepel kruidnagelpoeder
1 theelepel nootmuskaat
1 theelepel laos
4 eetlepels ketjap manis
1 eetlepel vloeibare tamarinde
1 theelepel sambal oelek
1 ui
2 tenen knoflook uit de knijper

Maak de ui schoon. Wrijf ui, knoflook, sambal, kerriepoeder, kruidnagelpoeder, nootmuskaat en laos tot een brij. Fruit deze in wat olie even aan. Snijd het vlees in dobbelstenen. Bak deze samen met het kruidenmengsel aan alle kanten bruin. Zet het vuur laag, voeg ketjap en tamarinde toe en laat het vlees zachtjes gaar worden.

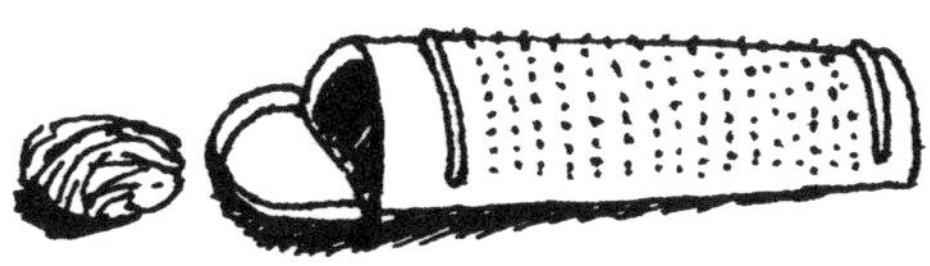

Ritjah

250 gram varkensvlees
2 uien
2 tenen knoflook, geperst
2 theelepels sambal oelek
2 theelepels verse geraspte gember of 1 theelepel gemberpoeder
4 tomaten
200 gram sperziebonen
1 aubergine
2 groene pepers

Snijd het vlees in niet te kleine dobbelstenen of vraag uw slager om dat voor u te doen.
Maak de uien schoon en snipper ze fijn. Wrijf uien, knoflook, sambal en gember tot een brij.
Fruit deze in wat olie een paar minuten aan.
Ontvel intussen de tomaten en snijd ze in vieren. Haal de bonen af en snijd ze klein. Maak de aubergine schoon, verwijder de steel en snijd het vruchtvlees in dobbelstenen.
Doe het vlees bij de kruidenbrij en bak het een paar minuten aan, zodat het aan alle kanten bruin is. Voeg dan de tomaten toe, zet het vuur vrij hoog en bak de tomaten vijf minuten onder goed roeren aan. Het vocht komt dan vrij. Giet een kopje water bij de saus en voeg vervolgens de sperziebonen en de aubergines toe.
Laat vijf minuten op niet te hoog vuur sudderen.
Was intussen de pepers, verwijder de steeltjes en hak de pepers fijn. Doe deze ook in de pan en laat alles verder gaar sudderen.

Hachee uit Timor

500 gram runderpoelet
4 tenen knoflook, geperst
10 sjalotten
3 eetlepels santen
1 theelepel laos
2 theelepels ketoembar
1 theelepel djinten
1 theelepel sambal oelek
6 gepofte kemiries
1 serehstengel
2 djeroek peroet-blaadjes
2 eetlepels vloeibare tamarinde

Maak de sjalotten schoon en snipper ze ragfijn.
Wrijf sjalotten, knoflook, ketoembar, djinten, sambal, kemiries tot een brij en roer hierdoor de tamarinde.
Meng dit met het vlees en schep alles goed om. Laat het vlees twee uur marineren, waarbij u het regelmatig omschept.
Verhit olie en bak hierin het vlees aan alle kanten aan. Voeg een kopje water toe, evenals de sereh en de djeroek peroet. Roer even door, zet het vuur laag en laat het vlees zachtjes gaar sudderen.
Verwijder voor het opdienen de sereh en de djeroek peroet en laat de santen in de saus smelten.

Babi pangang

500 gram hamlappen
6 eetlepels ketjap manis
3 eetlepels olie
2 eetlepels vloeibare tamarinde
2 tenen knoflook, geperst
2 theelepels kerriepoeder
1 theelepel laos
1 theelepel gemberpoeder of 2 theelepels verse geraspte gemberwortel
1 theelepel ketoembar
1 eetlepel tomatenpuree

Snijd het vlees in repen. Maak een marinade van ketjap, olie, tamarinde, kerriepoeder, laos, gember en ketoembar. Laat het vlees hierin minstens drie uur marineren. Haal het vlees uit de marinade en bak het in de koekenpan aan alle kanten bruin. Voeg het knoflook toe en laat dit even meebakken. Roer de tomatenpuree door de marinade en giet deze bij het vlees. Zet het vuur laag en laat het vlees in ca. dertig minuten goed gaar worden.

Babi koening

500 gram doorregen varkensvlees
$1^{1}/_{2}$ theelepel koenjit
4 gepofte kemirienoten
2 theelepels gemberpoeder of 4 theelepels geraspte verse gember
1 theelepel ketoembar
theelepel trassi
1 theelepel sambal manis
$^{1}/_{8}$ blok santen
1 serehstengel

Snijd het varkensvlees in dobbelstenen. Wrijf kemerienoten, gember, ketoembar, trassi en sambal tot een brij. Smeer hiermee het vlees in en laat het een uurtje staan. Bak het vlees dan aan alle kanten bruin in olie. Voeg twee kopjes warm water toe en los de santen op in de saus. Zet het vuur laag, doe de serehstengel erbij en laat het vlees in ongeveer een halfuur gaar worden.

Smoor van rundvlees

500 gram runderlappen
1 ui
3 tenen knoflook, geperst
peper
½ theelepel geraspte nootmuskaat
1½ theelepel kruidnagelpoeder
6 eetlepels ketjap manis
2 tomaten

Snijd de runderlappen in dobbelstenen.
Maak de ui schoon en snipper hem niet te fijn. Fruit ui en knoflook in de olie aan.
Voeg het vlees toe en bak het aan alle kanten bruin.
Voeg peper, nootmuskaat en kruidnagelpoeder toe en giet de ketjap erbij. Laat even doorkoken onder goed roeren en zet het vuur dan laag.
Ontvel de tomaten, snijd ze in stukken en voeg deze aan het vlees toe. Giet er 2 kopjes water bij en laat alles in ongeveer een uur gaar sudderen. Roer af en toe, zodat de tomaten geheel in de saus worden opgenomen.

Daging brambang

250 gram runderlappen
3 uien
1 theelepel sambal trassi
6 eetlepels ketjap manis
1 bouillonblokje

Snijd de runderlappen in repen of vraag uw slager om dat voor u te doen. Bak de repen in hete olie aan. Voeg twee kopjes water toe en het bouillonblokje en laat het vlees in de bouillon gaar worden. Maak de uien schoon en snijd ze in niet te dunne ringen. Bak deze in weinig olie even aan en roer er vervolgens de sambal doorheen. Voeg de uien toe aan het vlees, wanneer dat gaar is, en maak de bouillon af met ketjap.

Gestoofd lamsvlees

500 gram ontbeende lamsbout
2 eetlepels boter
2 eetlepels olie
3 tenen knoflook, geperst
1 theelepel sambal manis
sap van 1 citroen

Snijd het vlees in niet te kleine dobbelstenen of vraag uw slager dat voor u te doen. Verwarm boter en olie en bak het vlees hierin aan alle kanten bruin. Laat het knoflook en de sambal even meebakken en giet er vervolgens 2 kopjes water en het citroensap bij. Zet het vuur laag en laat het vlees in ongeveer 45 minuten zacht en gaar worden.

Semoer van vlees

750 gram lende of ossehaas
2 uien
3 tenen knoflook, geperst
6 eetlepels ketjap manis
½ theelepel geraspte nootmuskaat
½ theelepel laos

Maak de uien schoon en snipper ze fijn. Wrijf uien, knoflook, nootmuskaat en laos tot een brij. Smeer hier het vlees mee in en laat dat een paar uur staan. Snijd het vervolgens in plakken. Bak deze plakken in hete olie even aan en giet er vervolgens de ketjap bij. Laat slechts enkele minuten koken. De bedoeling is dat het vlees nog enigszins rood blijft.

Dendeng teri

500 gram bieflappen
55 gepofte kemirienoten
1 ui
3 tenen knoflook, geperst
2 theelepels sambal trassi
1 theelepel ketoembar
1/2 theelepel djinten
1/2 theelepel laos
1 serehstengel
1 eetlepel Javaanse suiker of
2 eetlepels bruine suiker
1/8 blok santen

Maak de uien schoon en snipper ze fijn. Wrijf uien, knoflook, sambal, ketoembar, djinten en laos tot een brij. Fruit de brij in hete olie even aan.
Snijd de bieflappen in repen.
Bak deze aan in het kruidenmengsel. Voeg een kopje water toe en doe de serehstengel erbij. Laat even opkoken en roer alles goed door.
Smelt de santen in de saus en laat deze inkoken, tot de kruiden aan het vlees plakken. Mocht het vlees dan nog niet gaar zijn, dan kunt u een kopje water toevoegen en dat opnieuw in laten koken.

Gestoofd varkensvlees uit Medan

500 gram half vet varkensvlees
4 tomaten
1 ui
2 tenen knoflook, geperst
1 theelepel sambal manis
2 eetlepels ketjap manis
sap van 1 citroen

Snijd het vlees in dobbelstenen of vraag uw slager om dat voor u te doen.
Maak de ui schoon en snipper hem fijn. Wrijf ui, knoflook, en sambal tot een brij. Meng deze kruidenbrij door het vlees, voeg het citroensap en de ketjap toe en roer alles goed door elkaar.
Laat het vlees zo een uur marineren en schep het daarbij nu en dan eens om.
Ontvel de tomaten en snijd ze in plakken.
Laat het vlees uitlekken en dep het droog, maar vang de marinade wel op.
Bak het vlees in hete olie aan alle kanten bruin, voeg de tomaten toe en laat deze even meebakken.
Voeg de marinade toe, breng deze aan de kook en laat het vlees op laag vuur gaar worden.

Dendeng ragie

200 gram varkenshaas
200 gram gemalen kokos
2 uien
2 tenen knoflook, geperst
3 gepofte kemirienoten
2 theelepels ketoembar
1 theelepel laos
1 salamblaadje
1 eetlepel Javaanse suiker of
2 eetlepels bruine suiker

Snijd het vlees in dunne plakken. Wrijf ui, knoflook, kemiries, ketoembar, laos en suiker tot een brij. Fruit deze in hete olie even aan en voeg het vlees toe. Bak dit aan alle kanten bruin. Voeg het salamblaadje toe en laat het vlees op laag vuur vijf minuten doorsudderen. Doe dan de kokos in de pan, zet het vuur wat hoger en laat de kokos onder goed roeren bruin worden. Het is de bedoeling dat dit een zuiver droog gerecht wordt.

Abon

1 runderlap van 250 gram
1 salamblaadje
3 theelepels laos
1 theelepel ketoembar
1/8 blok santen
3 eetlepels vloeibare tamarinde
2 theelepels Javaanse suiker of
4 theelepels bruine suiker
2 theelepels sambal oelek
2 tenen knoflook uit de knijper

Breng het vlees aan de kook in 1/2 liter water, waaraan de laos, de ketoembar en het salamblaadje is toegevoegd.
Zet het vuur laag en laat de runderlap in ca. anderhalf uur goed gaar worden. Haal hem dan uit de pan en gooi het kookvocht weg.
Maak een marinade van 2 deciliter water, het stuk santen, de tamarinde en de suiker. Zorg dat alles goed is opgelost.
Leg het vlees in deze saus en laat het twee uur marineren. Haal het dan uit de marinade, dep het af met keukenpapier en pluis het uit elkaar of snijd het fijn.
Smelt wat olie en bak het vlees hierin op met het knoflook en de sambal.

Maleisisch rundvlees 1

500 gram lendenbiefstuk
6 Spaanse pepers
2 uien
3 eetlepels verse geraspte gemberwortel
3 eetlepels vloeibare tamarinde
1 eetlepel bruine suiker of ½ eetlepel Javaanse suiker
⅛ blok santen
¼ liter water

Los de santen op in warm water en laat het mengsel afkoelen. Was de pepers, snijd de stelen eraf en hak ze fijn. Maak de uien schoon en snipper ze. Wrijf uien, pepers en gember tot een brij. Doe de suiker erbij en giet de kokosmelk erop. Roer door tot de suiker opgelost en het geheel goed gemengd is. Snijd het vlees in repen. Bestrooi deze met zout. Laat het vlees in het bovenbeschreven mengsel minstens twee uur marineren. Schep het regelmatig om. Haal het vlees dan uit de marinade, droog het af en rooster het in een paar minuten gaar, waarbij u het met de marinade bestrijkt.

Rundvlees uit Semarang

500 gram rosbief
2 uien
2 tomaten
3 tenen knoflook, geperst
1 theelepel kaneel
2 theelepels kruidnagelpoeder
1 theelepel sambal manis
4 eetlepels ketjap manis
1 eetlepel Javaanse suiker of 2 eetlepels bruine suiker

Maak de uien schoon. Snipper een ui fijn en snijd de andere in dunne ringen.
Wrijf de gesnipperde ui met het knoflook en de sambal tot een brij. Giet de ketjap erbij en los er onder goed roeren de suiker in op.
Snijd het vlees in dunne plakken en marineer het een uur in de saus.
Haal het dan uit de marinade, laat het goed afdruipen en dep het droog met keukenpapier.
Fruit de uiringen in wat olie even aan. Voeg het vlees toe en bak alles onder goed roeren een paar minuten aan. Ontvel intussen de tomaten en snijd ze in plakken. Voeg deze bij het vlees en laat alles op niet te hoog vuur sudderen tot het vlees gaar is en de tomaat zacht. Strooi kaneel en kruidnagelpoeder erover, schep goed om en laat nog een minuut doorbakken.

Pangang kambing

1 lamsbout van 1 kilo
125 gram gedroogde tamarinde
1 theelepel suiker of 2 eetlepels bruine suiker
2 theelepels sambal oelek
2 theelepels ketoembar
sap van 1 limoen
4 tenen knoflook, geperst
1 theelepel gemberpoeder of 2 theelepels geraspte verse gember
1 deciliter ketjap manis

Week de gedroogde tamarinde in een halve liter water gedurende tien minuten. Zeef het vocht dan en gooi de stukjes weg.
Meng het overgebleven tamarindewater met de suiker, de sambal en de ketoembar. Laat de bout hierin minimaal een dag marineren. Keer het vlees verschillende malen.
Meng ketjap, limoensap, knoflook en gember goed. Haal het vlees uit de marinade en dep het droog. Gooi de marinade weg.
Bestrijk het vlees met de ketjapsaus en rooster het op houtskool of grilleer het bruin en gaar. Bestrijk het daarbij steeds met de saus.

Gehaktballetjes uit Sumba

500 gram gemalen uitgebeende schouderkarbonade
2 sneden brood
scheutje melk
1 ei
1½ theelepel djinten
1 theelepel gemberpoeder of 2 theelepels verse geraspte gember
4 eetlepels ketjap benteng
2 theelepels sambal trassi
1 ui
3 tenen knoflook, geperst
1 prei

Snijd de korsten van het brood en week het brood in de melk. Knijp het uit. Klop het ei los. Meng het gehakt met brood, ei, djinten, gember, ketjap en trassi.
Maak de ui schoon en snipper hem. Maak de prei schoon en hak hem fijn.
Voeg ui, knoflook en prei ook aan het gehakt toe en kneed alles goed door elkaar. Vorm er balletjes van en bak deze in hete olie rondom bruin en gaar.

Gestoomde gekruide tartaar

400 gram tartaar
2 uien
2 tenen knoflook, geperst
3 gepofte kemirienoten
1 theelepel ketoembar
1 theelepel sambal manis
1/2 theelepel laos
1 ei
1/10 blok santen

Maak de uien schoon en snipper ze fijn. Meng uien, knoflook, fijngehakte kemiries, sambal en laos goed en vermeng het vervolgens met de tartaar.
Klop het ei los en meng dit eveneens door de tartaar. Los de santen op in een kop heet water. Doe de santen in een kommetje en leg de tartaar erop. Plaats de kom vervolgens in een rijststomer of op een omgekeerd schoteltje in een pan met een bodem water. Stoom de tartaar in twintig minuten gaar.

Varkensvlees in limoensap

600 gram varkensvlees
2 uien
3 Spaanse pepers
2 eetlepels Javaanse suiker of
4 eetlepels bruine suiker
3 eetlepels ketjap manis
3 eetlepels ketjap benteng
sap van 1 limoen

Snijd het vlees in dobbelstenen. Maak de uien schoon, halveer ze en snijd de helften in plakken. Was de pepers, verwijder de steeltjes en hak ze fijn. Fruit uien en pepers in wat olie even aan. Voeg het vlees toe en bak dit aan alle kanten bruin. Schenk het limoensap erbij en beide soorten ketjap. Zet het vuur laag en laat het vlees in ca. veertig minuten gaar worden.

Karbonades in sojasaus

4 haaskarbonades zonder been
1 theelepel geraspte nootmuskaat
1 theelepel kruidnagelpoeder
1 theelepel sambal oelek
4 eetlepels ketjap manis
sap van ½ citroen
2 eetlepels paneermeel

Snijd de karbonades in plakken van ongeveer 1 cm.
Zet ze op met zoveel water dat het vlees ongeveer ¾ onder staat.
Voeg nootmuskaat, kruidnagelpoeder, sambal, ketjap en citroensap toe en breng het geheel aan de kook. Laat het vlees op laag vuur tien minuten sudderen.
Haal het vlees uit de pan, laat het goed uitlekken en dep het droog.
Verhit olie in een koekenpan en bak daarin de plakken vlees bruin en knapperig. Strooi er op het laatst het paneermeel over en laat dit even meebakken.

Dendeng boemboe

400 gram runderlappen
1 ui
2 tenen knoflook, geperst
1 theelepel sambal trassi
2 theelepels ketoembar
1/2 theelepel djinten
1/2 theelepel laos

Bestrooi het vlees met de ketoembar, djinten en laos.
Zet het op met zoveel water dat het vlees voor de helft onderstaat, breng het water aan de kook en stoof het vlees op laag vuur gaar.
Haal het uit het water, laat het uitlekken en dep het goed droog.
Snijd het in repen.
Maak de ui schoon en snipper hem fijn. Wrijf ui, knoflook en sambal tot een brij.
Verhit olie in een koekenpan en fruit hierin de sambalbrij even aan. Voeg het vlees toe en bak dit onder goed omscheppen bruin.

Gehaktschotel uit Ambon

400 gram half-om-half gehakt
2 Spaanse pepers
250 gram taugé
250 gram witte of savooiekool
4 eetlepels pindakaas
2 eetlepels ketjap manis

Was de kool en snijd hem fijn. Bak het gehakt uit zonder extra vet te gebruiken. Zet het daarvoor eerst op heel laag vuur en zet de vlam geleidelijk hoger, terwijl u steeds goed roert. Voeg, wanneer het gehakt rul is, de kool toe en laat deze onder steeds omscheppen slinken. Was de taugé en verwijder de groene vliezen. Roer de pindakaas los met de ketjap. Doe de taugé in de pan en laat deze een minuut meebakken. Roer tenslotte de saus door het gerecht en schep alles goed om. Laat nog even doorwarmen en haal de pan dan van het vuur.

Gekruid rundvlees 2

400 gram runderlappen
2 rode pepers
2 groene pepers
6 sjalotjes
3 tenen knoflook, geperst
3 eetlepels ketjap benteng
1 theelepel gemberpoeder of 2 theelepels geraspte verse gemberwortel
1 theelepel laos
½ theelepel djinten
1 theelepel ketoembar

Snijd het vlees in dunne repen. Was de pepers, verwijder de steeltjes en hak ze fijn. Wilt u het gerecht niet zo scherp, snijd de pepers dan eerst open en verwijder de pitjes alvorens ze fijn te hakken. Maak de sjalotjes schoon en snipper ze. Wrijf sjalotjes, knoflook en pepers fijn. Verwarm wat olie in een koekenpan en bak het mengsel op. Voeg gember, laos, djinten en ketoembar toe en roer alles goed om. Doe het vlees in de pan en bak dit onder voortdurend omscheppen even aan. Giet de ketjap erbij en nog een half kopje water. Zet het vlees laag en laat het in ca. twintig minuten gaar worden.

Balinees rundvlees

500 gram biefstuk
1 ui
1 eetlepel geraspte verse gemberwortel of 2 theelepels gemberpoeder
1 theelepel sambal manis
2 theelepels Javaanse suiker
6 eetlepels ketjap manis
2 tenen knoflook uit de knijper

Snijd het vlees in dunne plakjes.
Snipper de ui en fruit ui, knoflook en gemberwortel of -poeder in wat olie even aan.
Roer alles steeds goed om en zorg ervoor dat de uien niet bruin worden. Ui en knoflook moeten glazig blijven.
Voeg het vlees toe en giet er vervolgens de ketjap over. Bestrooi het met suiker en schep het mengsel om. Laat het geheel een paar minuten op niet te hoog vuur sudderen en haal dan de pan van het vuur. Hoe dunner het vlees gesneden is hoe korter het moet sudderen. Het mooist is dit gerecht wanneer u echt flinterdunne plakjes heeft gesneden die u maar een minuutje bakt. Het vlees blijft dan nog roze en smaakt op die manier het best.

Terih van lever

250 gram kalfslever
2 uien
3 tenen knoflook, geperst
2 theelepels sambal trassi
1 theelepel ketoembar
4 gepofte kemirienoten
½ theelepel laos
1 eetlepel Javaanse suiker of
2 eetlepels bruine suiker
2 eetlepels vloeibare tamarinde

Was de lever, dep hem droog en snijd hem in dunne repen. Maak de uien schoon en snipper ze fijn. Wrijf uien, knoflook, sambal, ketoembar, kemiries, laos en suiker tot een brij. Fruit deze onder goed roeren in hete olie gedurende een paar minuten aan. Doe een kopje water bij de saus en laat nog een minuut doorpruttelen.
Voeg de lever toe en laat deze in ca. vijftien minuten op niet te hoog vuur gaar worden. Voeg zonodig nog wat water toe, het is niet de bedoeling dat de saus helemaal inkookt.

Indisch rundvlees

500 gram runderlappen
½ theelepel nootmuskaat
1 theelepel laos
1 eetlepel geraspte verse gemberwortel of 1½ theelepel gemberpoeder
stukje trassi ter grootte van een walnoot
2 eetlepels ketjap manis
1 theelepel sambal oelek
1 serehstengel
1 deciliter melk
2 deciliter water
olie

Snijd het vlees in dobbelstenen. Maak een mengsel van nootmuskaat, laos en gemberwortel of -poeder. Bestrooi hiermee het vlees. Bak het vlees in hete olie rondom aan. Zet het vuur dan laag en giet melk en water bij het vlees. Roer de aanbaksels goed los. Voeg vervolgens de trassi, de ketjap, de sambal en de sereh toe. Zet het vuur laag en laat het vlees in ongeveer vijf kwartier met een deksel op de pan gaar worden.

Indonesische frikadellen

500 gram varkensgehakt
4 eetlepels geraspte kokos
250 gram aardappelen
1 ei
1 ui
2 tenen knoflook, geperst
2 theelepels sambal manis
2 theelepels ketoembar
1 theelepel djinten
1 theelepel geraspte nootmuskaat

Schil de aardappelen en kook ze gaar. Prak ze fijn en meng ze met het varkensgehakt. Klop het ei los en roer dit door de puree. Maak de ui schoon en snipper hem fijn. Meng ui, knoflook, sambal, ketoembar, djinten, kokos en nootmuskaat door het mengsel. Vorm er kleine ballen van en bak deze in hete olie rondom goed bruin. Laat ze op keukenpapier uitlekken alvorens te serveren.

Smoor van rundertong

1 rundertong
2 uien
3 tenen knoflook, geperst
6 eetlepels ketjap manis
1 theelepel sambal oelek
½ theelepel kruidnagelpoeder
½ theelepel geraspte nootmuskaat
1 bouillonblokje
1 eetlepel Javaanse suiker of 2 eetlepels bruine suiker

Kook de tong gaar en verwijder het vel. Snijd het vlees in dobbelstenen.
Maak de uien schoon en snipper ze. Wrijf ui, knoflook, sambal, kruidnagel en nootmuskaat tot een brij.
Fruit deze in hete olie even aan. Voeg de stukjes tong toe en bak deze bruin.
Giet er vervolgens 3 kopjes water bij en voeg het bouillonblokje toe. Laat dit onder goed roeren smelten. Doe er tenslotte de ketjap en de suiker bij, zet het vuur laag en laat het gerecht nog een kwartiertje doorsudderen. Roer het af en toe om.

Empal

500 gram magere runderlappen
2 uien
3 tenen knoflook, geperst
1 theelepel ketoembar
$^1/_2$ theelepel djinten
1 theelepel sambal manis
2 gepofte kemiries
1 eetlepel Javaanse suiker of 2 eetlepels bruine suiker

Maak de uien schoon en snipper ze fijn. Wrijf uien, knoflook, ketoembar, djinten, sambal, kemiries en suiker tot een brij. Wrijf hiermee de runderlappen in en laat ze een uur intrekken. Zet het vlees op met 2 deciliter water. Breng het water aan de kook, zet het vuur laag en laat het vlees gaar sudderen. Haal het uit het vocht en laat het op keukenpapier goed uitlekken en afkoelen. Snijd het vlees in dunne plakken en bak deze in hete olie bruin en knapperig.

Runderlapjes in paneermeel

300 gram riblappen
1 ei
2 uien
3 eetlepels ketjap manis
paneermeel
nootmuskaat
peper
zout
olie

Snijd de riblappen in dunne plakken. Bestrooi ze met nootmuskaat, peper en zout.
Klop het ei los met een scheutje water. Haal de plakken vlees eerst door het ei en vervolgens door het paneermeel.
Maak de uien schoon en snipper ze grof. Fruit ze in wat olie tot ze glazig zijn. Voeg de plakken vlees toe en laat deze aan weerskanten bruin worden.
Giet de ketjap bij het vlees, evenals 2 kopjes lauw water. Doe het deksel op de pan, zet het vuur laag en laat het vlees in ongeveer een uur gaar worden. Controleer daarbij regelmatig of het vocht niet te veel verwarmt en voeg zonodig meer ketjap en water toe.

Empal daging

400 gram mager rundvlees
1/8 blok santen
2 eetlepels vloeibare tamarinde
1 theelepel laos
1 theelepel ketoembar
1 ui
2 tenen knoflook uit de knijper

Snijd het vlees in plakken en smeer deze in met de tamarinde. Laat ze zo een half uurtje staan. Los de santen op in drie kopjes heet water. Kook in dit mengsel de plakken vlees gaar. Laat ze uitlekken en dep ze droog. Maak de ui schoon en snipper hem fijn. Wrijf ui, knoflook, ketoembar en laos tot een brij en fruit deze in een scheutje olie even aan. Voeg de plakken vlees toe en bak deze bruin. Keer de plakken voortdurend.

Varkensvlees met tomaten en aubergines

250 gram varkenspoelet
2 aubergines
4 tomaten
1 ui
2 tenen knoflook, geperst
2 theelepels sambal oelek
1 serehstengel
2 theelepels verse geraspte gember of 1 theelepel gemberpoeder
1 theelepel kurkuma

Zet het varkensvlees op met zoveel water dat het net onder staat en breng het aan de kook. Zet het vuur laag, voeg de serehstengel, de gember en de kurkuma toe en laat het vlees op laag vuur gaar trekken.
Haal het uit de bouillon en laat het goed uitlekken. Dep het droog.
Was de aubergines en verwijder de stelen. Was de tomaten. Snijd aubergines en tomaten in stukken.
Maak de ui schoon en snijd hem in ringen.
Bak in wat olie de aubergines, tomaten en uiringen aan. Voeg de sambal toe en roer alles goed door. Roer het vlees door het groentemengsel en laat alles goed heet worden.

Ketjapkarbonades

4 varkenskarbonades
4 eetlepels ketjap manis
2 theelepels sambal oelek
sap van $1/2$ citroen

Bestrijk de karbonades uiterst dun met sambal. Bak ze aan weerskanten in hete olie bruin. Voeg de ketjap en het citroensap toe, doe het deksel op de pan en zet het vuur laag. Laat het vlees ongeveer twintig minuten sudderen tot het gaar is.

Atjar babi

1 hamschijf
10 zilveruitjes
4 eetlepels sambal oelek
1 eetlepel mosterdpoeder
1 theelepel verse geraspte gember of 1/2 theelepel gemberpoeder
1 teen knoflook, geperst
1 theelepel koenjit
1/2 fles azijn

Snijd de hamschijf in niet te kleine dobbelstenen. Maak het mosterdpoeder aan met een eetlepel water.
Fruit de schoongemaakte uitjes met de knoflook in wat olie even aan. Doe het vlees erbij en laat het onder goed omscheppen kleuren. Giet een kop warm water in de pan en voeg de sambal, het mosterdpoeder, de gember en de koenjit toe. Laat even pruttelen en doe er dan de azijn bij. Kook alles op laag vuur tot het vlees gaar is. Laat het vlees in de saus afkoelen en zet het gerecht een dag in de koelkast.

Maleisisch rundvlees 2

600 gram malse runderlappen
2 tenen knoflook, geperst
1 theelepel sambal manis
1 theelepel ketoembar
½ theelepel laospoeder
2 theelepels gemberpoeder of 1 eetlepel verse geraspte gemberwortel
1 ui
stuk santen ter grootte van een walnoot
sap van ½ citroen
1 theelepel Javaanse suiker of 2 theelepels bruine suiker

Maak de ui schoon en snipper hem fijn. Wrijf ui, knoflook, sambal, ketoembar, laos en gemberpoeder tot een brij of maal ze samen in de keukenmachine.
Fruit de brij in wat olie even aan. Snijd de runderlappen in dobbelstenen.
Doe deze bij het uimengsel en bak de stukken vlees aan alle kanten bruin. Giet een kopje water in de pan en laat het vlees op laag vuur in ongeveer twee uur gaar worden. Controleer af en toe of er niet te veel vocht verdampt en voeg zonodig nog wat water toe. Doe ten slotte de suiker en de santen bij het vlees en laat de santen onder goed roeren smelten. Laat nog even doorpruttelen.

Babi sajuran

500 gram varkensriblappen
2 uien
4 tenen knoflook, geperst
2 theelepels verse geraspte gember of 1 theelepel gemberpoeder
1 theelepel koenjit
9 eetlepels ketjap manis
100 gram taugé
100 gram sperziebonen
100 gram worteltjes

Maak de uien schoon en snipper ze fijn. Wrijf uien, knoflook, gember en koenjit tot een brij. Fruit deze brij in hete olie even aan en laat op niet te hoog vuur een paar minuten doorsudderen. Snijd het vlees in niet te kleine dobbelstenen of vraag uw slager om dat voor u te doen. Bak het vlees in de kruidenbrij aan alle kanten aan. Voeg vervolgens een kopje water en de ketjap toe. Zet het vuur laag en laat het vlees gaar sudderen. Haal intussen de sperziebonen af en snijd ze in stukken. Schrap de worteltjes en snijd ze in schijven. Voeg sperziebonen en worteltjes toe aan het vlees en laat ze een kwartiertje meesudderen, tot ze beetgaar zijn. Was de taugé en verwijder de groene vliezen. Doe de taugé de laatste minuut bij het gerecht en laat alles goed warm worden.

Rendang

400 gram varkenshaas
1 Spaanse peper
2 theelepels ketoembar
1 ui
1 serehstengel
2 tenen knoflook, geperst
$^{1}/_{8}$ blok santen
1 bouillontablet

Maak de ui schoon en snipper hem fijn. Was de peper, verwijder de steel en hak hem fijn. Maak een brij van ui, peper, knoflook en ketoembar. Bak dit in wat olie even aan. Snijd het vlees in dobbelstenen en bak die samen met het uimengsel aan alle kanten goed bruin. Voeg twee kopjes water toe. Los hierin het bouillonblokje en de santen op. Voeg de sereh toe, zet het vuur laag en laat het vlees in ongeveer twee uur goed gaar worden.

Varkensvlees in pindasaus

500 gram schouderkarbonades
1 ui
2 tenen knoflook, geperst
4 eetlepels pindakaas
2 theelepels sambal oelek
sap van 1 citroen
1 theelepel djinten
1 theelepel laos
1 theelepel koenjit
1 theelepels gemberpoeder of 3 theelepels geraspte verse gemberwortel

Snijd het vlees in dobbelstenen. Maak de ui schoon en snipper hem.
Fruit ui en knoflook in wat olie even aan. Voeg het vlees toe en laat dat onder voortdurend omscheppen aan alle kanten bruin worden. Doe er dan een kopje warm water bij.
Laat het vlees op laag vuur in ongeveer een kwartier gaar worden.
Roer dan achtereenvolgens de pindakaas, het citroensap, de djinten, laos, koenjit en gemberpoeder door de saus. Blijf goed roeren tot een gebonden saus ontstaat. Voeg er desgewenst nog een scheutje ketjap manis aan toe.

Sambal goreng van kalfslever

300 gram kalfslever
1 ui
2 tenen knoflook, geperst
2 theelepels sambal oelek
1 theelepel laos
½ theelepel djinten
1 theelepel Javaanse suiker of 2 theelepels bruine suiker
mespunt trassi
2 eetlepels vloeibare tamarinde
1 serehstengel
⅛ blok santen

Snijd de lever in dunne, niet te lange repen. Maak de ui schoon en wrijf deze met het knoflook, sambal, laos, djinten, trassi en suiker tot een brij. Dit kan ook in de keukenmachine. Bak dit mengsel in hete olie even aan. Voeg de lever toe en laat alles op hoog vuur onder goed roeren bakken, tot de lever aan alle kanten gekleurd is. Giet er dan de tamarinde bij en leg de serehstengel in de pan. Zet het vuur laag en laat alles vijf minuten doorsudderen. Doe er een kopje water bij en los de santen in de saus op. Laat alles nog even doorkoken.

Biefstuk met amandelen

500 gram biefstuk
4 Spaanse pepers
2 theelepels gemberpoeder of 4 theelepels geraspte verse gember
3 tenen knoflook uit de knijper
2 uien
1 theelepel Javaanse suiker of 2 theelepels bruine suiker
olie
50 gram geschaafde amandelen
sap van 1 citroen

Maak de uien schoon en snipper ze fijn. Was de pepers, verwijder de stelen, snijd ze doormidden en verwijder de zaadjes. Dit gerecht moet namelijk wel pittig, maar niet echt scherp zijn. Wrijf ui, pepers, gemberpoeder en amandelen tot een brij. Bak deze samen met de suiker in de olie even aan. Voeg het citroensap toe en laat alles een minuut sudderen. Snijd de biefstuk in repen. Bak deze onder goed roeren in het uimengsel gaar. Zorg ervoor dat de stukken biefstuk het mengsel goed opgenomen hebben.

Boemboe babi tjin

500 gram varkenslappen
1 prei
1 ui
2 tenen knoflook, geperst
2 theelepels gemberpoeder of 4 theelepels geraspte verse gemberwortel
4 eetlepels ketjap manis
1 theelepel sambal manis
50 gram dunne mie

Maak de ui schoon en snipper hem fijn. Maak de prei schoon en snijd hem in dunne ringen. Fruit ui, prei en knoflook in wat olie even aan. Voeg sambal, gember en ketjap toe. Laat alles even doorpruttelen. Snijd het vlees in repen en bak het in boter of olie even aan. Voeg het dan bij het uimengsel. Laat even doorbakken. Voeg er vervolgens de mie aan toe en laat alles zonder deksel in ongeveer een half uur gaar worden.

Boemboe bali van vlees

300 gram sukadelappen
1 ui
2 tenen knoflook, geperst
4 theelepels sambal trassi
2 eetlepels vloeibare tamarinde
2 salamblaadjes
1 serehstengel
1 eetlepel Javaanse suiker of 2 eetlepels bruine suiker
1 eetlepels ketjap

Snijd het vlees in dobbelstenen.
Maak de ui schoon en snipper hem fijn. Wrijf ui, knoflook, sambal, tamarinde en suiker tot een brij. Fruit deze in wat olie even aan.
Voeg het vlees toe en bak dit onder goed omscheppen op.
Doe er een kopje water bij, de ketjap en voeg de salamblaadjes en de serehstengel toe.
Laat het vlees op laag vuur gaar sudderen. Kijk af en toe of het vocht niet teveel verdampt. Dit gerecht mag niet te droog worden.

Kip- en eendgerechten

Ajam blado

1 braadkuiken
2 uien
4 tenen knoflook, geperst
4 eetlepels sambal manis
1 theelepel ketoembar
1 theelepel djinten
½ theelepel laos
¼ blok santen

Maak de uien schoon en snipper ze fijn. Wrijf uien, knoflook, sambal, ketoembar, djinten en laos tot een brij. Fruit deze in hete olie even aan.

Snijd het braadkuiken in stukken of vraag uw poelier om dat voor u te doen.

Voeg de stukken kip toe aan de kruidenbrij en bak alles een paar minuten aan.

Doe vervolgens een kop heet water erbij en laat de santen in de saus smelten.

Kook zolang tot de kruidensaus aan de kip blijft plakken. Keer de stukken kip daarbij regelmatig om.

Mocht de kip nog niet helemaal gaar zijn wanneer de saus al is drooggekookt, dan kunt u nog telkens een beetje water toevoegen.

Uit de hoeveelheid sambal die in dit gerecht wordt gebruikt, heeft u waarschijnlijk al opgemaakt dat dit gerecht uitsluitend geschikt is voor liefhebbers van heet eten.

Boemboe bali

1 braadkuiken
1 ui
3 tenen knoflook, geperst
3 eetlepels vloeibare tamarinde
2 theelepels sambal trassi
2 theelepels verse geraspte gember of 1 theelepel gemberpoeder
2 salamblaadjes
klein blik tomatenpuree

Snijd de kip in stukken, of vraag uw poelier om dat voor u te doen.
Smeer de stukken in met de tamarinde en laat ze een paar uur marineren.
Maak intussen de ui schoon en snipper hem fijn. Wrijf ui, knoflook, gember en sambal tot een brij.
Verhit olie in een braadpan en bak hierin de stukken kip aan alle kanten aan. Voeg de kruidenbrij toe en laat deze een paar minuten meebakken. Roer alles goed door. Giet een kopje water in de pan, voeg de salamblaadjes toe, roer nog eens en laat de stukken kip op laag vuur gaar worden.
Haal ze uit de pan en houd ze warm. Roer door de saus de tomatenpuree en dien onmiddellijk op.

Kip in roedjaksaus

8 kipfilets
4 Spaanse pepers
1 ui
4 tenen knoflook, geperst
1 theelepel trassi
1 theelepel Javaanse suiker of 2 theelepels bruine suiker
1 theelepel laos
1 serehstengel
4 djeroek poeroet-blaadjes
$^1/_2$ blok santen
2 eetlepels vloeibare tamarinde

Wrijf de kipfilets in met de tamarinde en laat ze een half uur marineren.
Maak intussen de ui schoon en snipper hem fijn.
Was de Spaanse pepers en verwijder de steeltjes. Hak ze fijn.
Wrijf ui, knoflook, pepers, trassi, suiker en laos tot een brij.
Snijd de kipfilets in grote brokken. Bak deze in de olie aan alle kanten bruin. Haal ze dan uit de pan en leg ze op een voorverwarmd bord. Voeg de kruidenbrij toe en laat deze even fruiten. Voeg de laos toe en twee kopjes water. Doe de santen erbij en laat deze onder goed roeren smelten. Voeg ook de djeroek poeroet en de serehstengel toe. Zet het vuur dan laag, doe de kip weer in de pan en laat deze gaar worden. Kook de saus in.

Duivelse kip

1 braadkuiken
2 uien
2 tenen knoflook, geperst
3 theelepels sambal oelek
3 theelepels sambal trassi
4 eetlepels ketjap manis
3 eetlepels vloeibare tamarinde
½ eetlepel Javaanse suiker of
1 eetlepel bruine suiker

Snijd de kip in stukken of vraag uw poelier om dat voor u te doen. Smeer de stukken kip in met de tamarinde en laat ze zo een half uur intrekken.
Maak de uien schoon en snipper ze fijn. Wrijf uien, knoflook en sambal tot een brij.
Fruit deze in hete olie onder goed roeren gedurende een paar minuten aan.
Giet er vervolgens 3½ deciliter water bij. Roer de ketjap erdoor en los er onder steeds goed doorroeren de suiker in op.
Doe de stukken kip terug in de saus en laat de kip op niet te hoog vuur gaar worden.
Haal ze dan uit de pan en dep ze droog.
Rooster de stukken op houtskoolvuur of op de grill. Bestrijk ze daarbij met de overgebleven saus.

Javaanse smoor van kip

1 braadkuiken
1 ui
2 tenen knoflook, geperst
2 theelepels sambal oelek
1 theelepel laos
4 eetlepels ketjap
3 eetlepels vloeibare tamarinde
1 eetlepel Javaanse suiker of
2 eetlepels bruine suiker
1 ei

Verdeel de kip in stukken of vraag uw poelier om dat voor u te doen. Klop het ei los en haal de stukken kip door het ei. Laat ze goed afdruipen en bak ze in hete olie bruin.

Maak de ui schoon en snipper hem fijn. Wrijf ui, knoflook, sambal en laos tot een brij. Fruit deze in wat hete olie even aan. Giet er vervolgens 2 deciliter water bij en voeg de ketjap, de tamarinde en de suiker toe. Laat de saus een paar minuten doorpruttelen en doe de kip dan bij de saus in de pan. Laat de kip op laag vuur gaar worden.

Ajam setan

1 braadkuiken
1 ui
3 tenen knoflook, geperst
2 theelepels sambal oelek
1 theelepel mosterd
3 eetlepels ketjap manis
sap van 1 citroen

Snijd het braadkuiken in stukken of vraag uw poelier dat voor u te doen. Smeer de stukken kip in met mosterd en laat ze zo een uur marineren. Maak intussen de ui schoon en snipper die fijn. Wrijf ui, knoflook en sambal tot een brij.
Verhit olie in een braadpan en bak hierin de stukken kip aan beide zijden bruin. Haal ze uit de pan en houd ze warm.
Fruit de sambalbrij in de achtergebleven olie onder goed roeren even aan. Giet er dan de sambal bij en het citroensap.
Doe de stukken kip terug in de pan en laat ze in de saus gaar worden. Mocht de saus te veel verdampen dan kunt u er wat water en nog een scheutje ketjap aan toevoegen.

Piendang ajam

1 braadkuiken
2 uien
4 tenen knoflook, geperst
2 theelepels sambal trassi
2 theelepels koenjit
1 theelepel laos
2 gepofte kemirienoten
1 serehstengel
2 eetlepels vloeibare tamarinde

Verdeel het braadkuiken in stukken of vraag uw poelier om dat voor u te doen. Smeer de stukken kip in met de tamarinde en laat deze een half uur intrekken. Bak de stukken kip in hete olie aan alle kanten bruin. Maak intussen de uien schoon en snipper ze fijn.
Wrijf uien, knoflook, sambal, kemiries, koenjit en laos tot een brij. Fruit deze in de achtergebleven braadboter aan.
Giet er 4 deciliter water bij en laat de saus een paar minuten pruttelen. Doe er vervolgens de serehstengel bij.
Leg de kip in deze saus en laat de stukken op niet te hoog vuur gaar worden.

Ajam pedis

1 braadkuiken
3 theelepels sambal oelek
1 theelepel sambal trassi
1 ui
2 tenen knoflook, geperst
4 eetlepels ketjap manis
2 eetlepels Javaanse suiker of 4 eetlepels bruine suiker
4 eetlepels olie
2 eetlepels citroensap

Maak de ui schoon en snipper hem fijn. Meng ui, knoflook, sambal, ketjap, suiker, olie en citroensap. Klop en roer goed, zodat de suiker smelt en goed in de saus wordt opgenomen.
Verdeel het braadkuiken in stukken. Wrijf deze in met de saus en laat ze in de koelkast drie uur marineren. Grilleer de stukken dan of rooster ze op de barbecue.
Draai de stukken voortdurend om en bestrijk ze met de overgebleven marinade.

Ajam pangang boemboe besengek

1 braadkuiken
2 uien
3 tenen knoflook, geperst
4 gepofte kemirienoten
2 theelepels sambal trassi
1 theelepel ketoembar
½ theelepel djinten
2 theelepels koenjit
½ theelepel laos
2 eetlepels vloeibare tamarinde
1 serehstengel
½ eetlepel Javaanse suiker of 1 eetlepel bruine suiker
blok santen

Verdeel het braadkuiken in stukken of vraag uw poelier dat voor u te doen.
Maak de uien schoon en snipper ze fijn. Wrijf uien, knoflook, kemiries, sambal, ketoembar, djinten, koenjit en laos tot een brij. Fruit deze brij in hete olie even aan. Laat het geheel een paar minuten pruttelen en giet er dan 3 deciliter water bij. Breng het geheel aan de kook en voeg de tamarinde, de sereh en de suiker toe. Zorg ervoor dat alles goed gemengd is en los dan de santen op in de saus.
Voeg de stukken kip toe en laat ze in de saus gaar worden. Haal de kip uit de saus en dep de stukken goed droog.
Rooster ze vervolgens op de barbecue of de grill.

Kip met kokos

1 braadkuiken
1 ui
2 tenen knoflook, geperst
2 theelepels sambal trassi
2 theelepels Javaanse suiker of 4 theelepels bruine suiker
1 kokosnoot

Snijd het braadkuiken in stukken of vraag uw poelier om dat voor u te doen. Maak de ui schoon en snipper hem fijn. Wrijf ui, knoflook, sambal en suiker tot een brij. Fruit deze in hete olie even aan, voeg de stukken kip toe en bak deze op niet te hoog vuur aan alle kanten bruin en bijna gaar. Open de kokosnoot. Haal het vruchtvlees eruit en rasp en pers dit fijn. Voeg het pulp en de vrijgekomen melk bij de kip, roer alles goed door en laat nog tien minuten doorsudderen of tot de kip gaar is.

Ajam besengek

1 braadkuiken
1 ui
2 tenen knoflook, geperst
4 gepofte kemirienoten
2 tenen knoflook, geperst
klein stukje trassi
1 theelepel ketoembar
2 eetlepels natuurazijn
1 theelepel Javaanse suiker of
2 theelepels bruine suiker
$^{1}/_{10}$ blok santen

Snijd het braadkuiken in stukken of vraag uw poelier om dat voor u te doen. Maak de ui schoon en snipper hem fijn. Wrijf ui, knoflook, kemiries, trassi en ketoembar tot een brij. Fruit deze brij in een scheutje olie even aan. Voeg de stukken kip toe en bak deze aan alle kanten bruin. Giet er een kop water bij en laat de kip op laag vuur gaar stoven. Laat voor het opdienen de santen in de saus smelten en maak deze af met azijn en suiker.

Pikante kip

2 braadkuikens
sap van 1 citroen
5 eetlepels vloeibare honing
2 deciliter ketjap
2 tenen knoflook, geperst
2 theelepels sambal oelek
2 theelepels olie

Halveer de kuikens of vraag uw poelier dat te doen. Roer citroensap, honing, ketjap, knoflook en sambal tot een marinade. Giet deze marinade in een braadslee, leg de gehalveerde kuikens erin en laat deze twee uur marineren. Keer ze daarbij van tijd tot tijd. Verwarm de oven voor tot 220° of stand 5. Zorg ervoor dat de kuikens met de vleeszijde naar onderen in de marinade liggen. Zet de braadschotel dertig minuten in de voorverwarmde oven. Keer de kuikens dan om en laat ze met de vleeszijde naar boven nog vijftien minuten bakken. Bedruip ze daarbij voortdurend, zodat ze een lekker knapperig korstje krijgen.

Ajam pangang 1

1 braadkuiken
6 eetlepels ketjap
2 eetlepels olie
2 theelepels sambal oelek
2 tenen knoflook, geperst
2 eetlepels vloeibare tamarinde

Snijd het braadkuiken in stukken of vraag uw poelier om dat voor u te doen. Smeer de stukken in met de tamarinde en laat ze een uurtje marineren. Maak een papje van ketjap, olie, sambal en knoflook. Verwarm de oven voor op 250°. Leg de kip op een rooster of in een platte ovenschaal. Smeer de stukken kip in met het ketjapmengsel en schuif de schaal of het rooster in de oven. Laat tien minuten bakken, draai de stukken dan om en smeer ze opnieuw in met het ketjapmengsel. Ga zo door tot de stukken kip gaar en lekker knapperig zijn.

Kip in gele saus

1 braadkuiken
2 uien
2 tenen knoflook, geperst
3 gepofte kemirienoten
1 theelepel sambal trassi
3 theelepels verse geraspte gember of 2 theelepels gemberpoeder
1 theelepel laos
1 serehstengel
$^{1}/_{10}$ blok santen

Snijd het braadkuiken in stukken of vraag uw poelier om dat voor u te doen. Maak de uien schoon en snipper ze fijn. Wrijf uien, knoflook, kemiries, sambal, koenjit, gember en laos tot een brij. Verhit olie in een koekenpan en bak hierin de stukken kip aan alle kanten bruin. Haal ze dan uit de pan. Fruit in de achtergebleven olie de kruidenbrij even aan. Giet er vervolgens 3 deciliter water bij en laat de saus een paar minuten doorsudderen. Voeg de sereh toe en los de santen op in de saus. Doe de stukken kip weer terug in de pan en laat ze in de saus op niet te hoog vuur gaar worden.

Gevulde kip

1 braadkuiken
500 gram half-om-half gehakt
100 gram kippenlevers
100 gram ham
100 gram champignons
1 theelepel sambal oelek
$^1/_2$ theelepel trassi
$^1/_2$ theelepel nootmuskaat
$^1/_2$ theelepel kaneelpoeder
6 eetlepels ketjap manis

Begin met de vulling. Bak de kippenlevers gaar in hete olie en hak ze fijn. Bak het gehakt rul. Hak de ham fijn en doe hetzelfde met de champignons. Meng alles goed en roer er vervolgens de sambal, de trassi, de nootmuskaat en de kaneel door.
Vul met dit mengsel de buikholte van de kip en bind hem dicht. Giet een scheutje olie in een ovenschotel en leg de kip hierin. Verwarm de oven voor op 220° of stand 5 en laat de kip in ca. vijf kwartier uur gaar worden. Bestrijk hem daarbij steeds met zijn eigen vet, waaraan u telkens een eetlepel ketjap hebt toegevoegd. Op die manier krijgt de kip een lekker knapperig korstje.

Kippenbouten uit Djakarta

8 kippenbouten
3 theelepels sambal trassi
1 ui
100 gram kruisbessen
$^{1}/_{4}$ blok santen

Zet de kippenbouten op met zoveel water dat ze net onder staan. Breng het water aan de kook en laat de kip op laag vuur een kwartier doorsudderen.
Haal ze dan uit de bouillon, bewaar deze en laat de kippenbouten uitlekken.
Maak de ui schoon en snipper hem fijn. Wrijf ui, trassi, gekneusde kruisbessen en santen tot een brij.
Verhit olie in een koekenpan en bak de kippenbouten daarin aan alle kanten bruin. Voeg de kruidenbrij toe en roer alles goed door. Voeg zoveel bouillon toe dat een gebonden saus ontstaat en laat hierin de kippenbouten gaar worden.

Soto ajam

1 boerenkip van ca. 1½ kilo
peperkorrels
5 takjes bladselderij
1 prei
2 uien
2 Spaanse pepers
2 salamblaadjes
2 tenen knoflook, geperst
2 theelepels verse geraspte gemberwortel of 1 theelepel gemberpoeder
1 theelepel trassi
1 theelepel kurkuma
2 theelepels ketoembar
2 theelepels djinten
150 gram dunne mie
4 hardgekookte eieren
8 lenteuitjes
500 gram aardappelen
sambal badjak en/of sambal oelek

Doe de kip in een soeppan en giet er zoveel water bij dat hij net onder staat. Laat het water aan de kook komen.
Maak de uien schoon.
Snijd een ui in vieren en doe deze bij de kip. Maak de prei schoon, snijd hem in schijven en voeg deze eveneens toe.
Doe er de salamblaadjes en de selderij bij en laat de bouillon op laag vuur ongeveer een uur trekken.
Snipper de tweede ui. Maak de pepers schoon, verwijder de steeltjes en hak ze fijn. Wrijf ui, knoflook, pepers, gember en trassi tot een brij. Fruit deze in wat olie even aan. Haal de gare kip uit de pan en fileer hem. Zeef de bouillon.
Doe het uimengsel bij de bouillon en kruid verder met kurkuma, koriander en komijn. Kook de mie en de aardappelen gaar.
Doe deze bij de bouillon, evenals de stukken kip. Laat het geheel goed doorwarmen.
Serveer de soto ajam in een grote schaal en geef er de fijngehakte eieren, fijngesnipperde lenteuitjes en de sambal apart bij.

Sambal goreng van kippenlevers

200 gram kippenlevers
1 ui
2 tenen knoflook, geperst
2 theelepels sambal trassi
1 theelepel laos
1 eetlepel tomatenpuree
2 eetlepels vloeibare tamarinde
2 eetlepels ketjap manis

Bak de kippenlevers in hete olie rondom gaar en haal ze uit de pan.
Maak de ui schoon en snipper hem fijn. Wrijf ui, knoflook, sambal en laos tot een brij.
Fruit deze in de achtergebleven olie even aan. Giet twee kopjes water in de pan en voeg de tamarinde en de ketjap toe. Roer er de tomatenpuree door.
Laat het sausje een paar minuten sudderen en voeg dan de kippenlevers toe. Laat deze op niet te hoog vuur in de saus gaar worden.

Ajam sambal

400 gram kipfilet
1 theelepel sambal oelek
2 Spaanse pepers
1 ui
2 tenen knoflook, geperst
2 eetlepels bruine suiker of
1 eetlepel Javaanse suiker
sap van 1 citroen

Was de pepers, verwijder de steeltjes en hak ze fijn. Maak de ui schoon en snipper hem. Wrijf ui, knoflook, peper en suiker tot een brij. Fruit deze in wat olie even aan. Snijd intussen de kipfilet in dobbelsteentjes. Voeg deze bij het kruidenmengsel en bak de kip onder voortdurend omscheppen vijf minuten op hoog vuur. Doe de sambal erbij en giet het citroensap in de pan. Roer nog even goed door, zet het vuur dan laag, doe het deksel op de pan en laat de kip in ca. vijftien minuten gaar worden.

Kippenlevers uit Maleisië

500 gram kippenlevers
1 ui
2 tenen knoflook, geperst
2 theelepels geraspte verse gemberwortel of 1 theelepel gemberpoeder
1½ theelepel ketoembar
6 eetlepels ketjap manis
2 theelepels sambal manis

Was de kippenlevers, dep ze droog met keukenpapier en snijd ze doormidden.
Verhit een paar eetlepels olie in een koekenpan en fruit ui, knoflook en gemberwortel daarin even aan. Voeg de kippenlevers toe wanneer de ui glazig begint te worden.
Doe de ketoembar en de sambal erbij, roer alles goed door en laat even doorbakken.
Giet de ketjap erbij, zet het vuur laag en doe het deksel op de pan. Laat de kippenlevers in ca. vijf minuten gaar worden.

Opor van kip

400 gram kipfilet
1 djeroek poeroet-blaadje
1 salamblaadje
1 theelepel gemalen sereh
1 ui
2 tenen knoflook, geperst
4 gepofte kemirienoten
1 theelepel ketoembar
1/8 blok santen

Snijd de kipfilet in dobbelstenen. Maak het knoflook schoon en snipper het fijn. Maak de ui schoon en snijd hem in ringen. Zet de kip op met zoveel water dat hij net onder staat. Voeg ui, djeroek poeroet, salam en sereh toe. Breng het geheel aan de kook, zet het vuur laag en laat de kip een kwartiertje sudderen. Wrijf intussen het knoflook, kemirienoten en de ketoembar tot een brij. Voeg deze brij aan de kip toe, evenals de santen. Laat de opor nog tien minuten sudderen.

Ajam pangang 2

1 braadkuiken
5 eetlepels ketjap manis
sap van 1 citroen
1 theelepel laospoeder
1 theelepel Javaanse suiker of 2 theelepels bruine suiker
1 theelepel sambal trassi

Verdeel het braadkuiken in tweeën. Maak een sausje van het citroensap, de ketjap, de laos, de suiker en de sambal. Laat het braadkuiken in deze saus een uurtje marineren. Keer hem daarbij van tijd tot tijd. Laat het braadkuiken uitlekken en vang de marinade op. Rooster het kuiken in een halfuur à drie kwartier, afhankelijk van de grootte, gaar. Bestrijk het kuiken daarbij regelmatig met de marinade.

Ajam opor

1 braadkuiken
1 ui
2 tenen knoflook, geperst
1 bouillonblokje
3 gepofte kemirienoten
2 theelepels vloeibare tamarinde
4 djeroek poeroet-blaadjes
2 salamblaadjes
1 theelepel trassi
2 theelepels ketoembar
1 theelepel laos
¼ blok santen
2 theelepels sambal trassi

Maak de ui schoon en snipper hem. Wrijf ui, knoflook, kemirienoten, sambal en trassi tot een brij.
Verdeel het braadkuiken in vier stukken en smeer de stukken kip in met de brij. Laat het een uurtje intrekken.
Zet de kip op met ¾ liter water en het bouillonblokje. Breng het water aan de kook en voeg dan de tamarinde, djeroek poeroetblaadjes, salamblaadjes, laos en ketoembar toe. Laat even doorkoken, zet het vuur dan laag en laat de stukken kip een halfuur sudderen. Voeg dan de santen toe. Laat deze onder goed roeren smelten en laat alles nog tien minuten sudderen.

Kippenvleugels in ketjap

8 kippenvleugels
2 deciliter ketjap manis
1 theelepel sambal oelek
1 teen knoflook, geperst
2 theelepels gemberpoeder of 4 theelepels geraspte verse gemberwortel
olie

Bak de kippenvleugels even aan in wat olie. Doe er dan ketjap, sambal, knoflook en gemberpoeder bij, evenals een kopje heet water. Zet het vuur laag en laat alles twintig minuten met het deksel op de pan sudderen. Haal het deksel er dan af en laat de saus nog ca. een kwartier inkoken. Bedruip daarbij de vleugels voortdurend. Laat de vleugels afkoelen en zet ze een paar uur in de koelkast alvorens ze te serveren.

Kip met taugé

400 gram kipfilets
1 ui
2 tenen knoflook, geperst
1 prei
250 gram taugé
3 eetlepels ketjap benteng
2 theelepels sambal oelek
olie

Snijd de kipfilets in dobbelstenen. Bak deze in hete olie bruin en gaar. Haal ze uit de pan en houd ze apart. Maak de ui schoon en snipper hem. Maak de prei schoon en snijd hem in dunne ringen. Was de taugé goed en verwijder de groene vliezen. Fruit ui en knoflook in de achtergebleven olie even aan. Voeg de prei toe en laat deze een minuut meebakken. Doe de taugé erbij en bak deze ook een minuutje. Giet er dan de ketjap bij en doe de stukken kipfilet weer in de pan. Roer de sambal erdoor en laat de kip goed warm worden.

Kip uit Java

1 flink braadkuiken
4 eetlepels pindakaas
2 tenen knoflook, geperst
1 eetlepel olie
4 eetlepels ketjap manis
1 eetlepel honing
2 theelepels koenjit
2 eetlepels vloeibare tamarinde
2 theelepels sambal manis

Maak een sausje door de pindakaas los te roeren met de ketjap en de olie. Roer er dan de tamarinde en de honing door.
Voeg koenjit en sambal toe en meng alles goed.
Verdeel de kip in stukken. Bestrijk de stukken goed met de saus en laat deze even intrekken.
Rooster of grilleer de kip gaar. Bestrijk hem daarbij steeds met de saus.
Bent u in het bezit van een draaispit dan kunt u de kip heel laten. Bestrijk hem in dat geval voor het roosteren goed met de saus, laat deze intrekken en bestrijk de kip tijdens het roosteren opnieuw.

Kipfilets met garnalen

400 gram kipfilets
200 gram Hollandse garnalen
1 prei
2 theelepels gemberpoeder
4 eetlepels zoete ketjap
2 eetlepels zoute ketjap
1 theelepel Javaanse suiker of bruine suiker
1 theelepel ve-tsin
2 tenen knoflook, geperst
3 eetlepels olie
zout

Snijd de kipfilets in blokjes en bestrooi deze met gemberpoeder en zout. Maak de prei schoon en snijd hem in dunne ringen. Verhit de olie en bak hierin de kippenblokjes rondom bruin. Voeg de prei en het knoflook toe en laat deze onder goed omscheppen even meebakken. Giet er dan de ketjap bij en voeg de suiker toe. Zet het vuur laag en laat alles met een deksel op de pan in ca. tien minuten gaar worden. Voeg dan de garnalen toe en laat deze even warm worden, terwijl u het geheel steeds omschept.

Kipfilets in kerrie

400 gram kipfilets
3 tomaten
1 Spaanse peper
2 eetlepels kerriepoeder
1 deciliter ketjap manis
1 theelepel sambal
2 uien
2 tenen knoflook
olie

Snijd de kipfilets in dobbelstenen. Snipper de uien fijn en maak de knoflooktenen schoon. Fruit de uisnippers in wat olie en voeg de knoflook, geperstoe. Roer even om. Doe er dan de kipblokjes bij en laat deze rondom kleuren. Strooi het kerriepoeder erover en laat dit op niet te hoog vuur even meebakken. Was de Spaanse peper en snijd hem overlangs doormidden. Verwijder de zaadjes en hak de peper fijn. Laat deze ook even meebakken. Giet vervolgens de ketjap in de pan en eventueel een scheutje lauw water. Zet het vuur laag en laat de kip in tien tot vijftien minuten gaar worden.

Indonesische kippenbouten

8 kippenbouten
200 gram champignons
2 uien
1 theelepel sambal oelek
4 eetlepels atjar
olie
peper
zout
ketjap

Bestrooi de kippenbouten met peper en zout. Verhit de olie en bak de bouten hierin rondom bruin.
Giet een scheutje ketjap in de pan, samen met een scheutje water, zet het vuur laag en laat de kippenbouten met een deksel op de pan in ongeveer veertig minuten gaar worden.
Snijd de ui in dunne ringen, maak de champignons schoon en snijd ze in dunne schijfjes. Voeg een scheutje ketjap toe, de sambal en de atjar. Meng alles goed en laat het mengsel tien minuten op laag vuur zachtjes stoven.
Neem de kippenbouten uit de pan en leg ze op een voorverwarmde schaal. Schep het groentemengsel erover.

Javaanse kip

1 boerenkip in vier stukken verdeeld
4 Spaanse pepers
½ theelepel laospoeder
½ theelepel trassi
1 theelepel koenjit
1 serehstengel
1 eetlepel bruine suiker
3 eetlepels santen
1 ui
2 tenen knoflook, geperst
4 eetlepels olie
1 deciliter water

Verdeel de kip in vier stukken.
Was de peper, snijd de steeltjes eraf en snijd ze overlangs doormidden. Verwijder de zaadjes.
Maak de ui en het knoflook schoon. Hak in de keukenmachine ui, knoflook en pepers fijn.
Bak dit mengsel in de olie even aan en voeg er vervolgens de laos, trassi, koenjit en suiker aan toe. Laat dit mengsel even bakken. Doe dan de stukken kip in de pan en bak deze aan weerszijden bruin. Doe dan de santen erbij, evenals het water. Roer de santen goed los en laat hem smelten. Voeg de serehstengel toe en laat de kip in ongeveer twintig minuten gaar worden.

Kelia

1 braadkuiken
1 ui
2 tenen knoflook, geperst
1 theelepel sambal trassi
3 gepofte kemirienoten
1 theelepel ketoembar
1 theelepel djinten
1 theelepel koenjit
1 eetlepel gemalen kokos
1 serehstengel
2 eetlepels vloeibare tamarinde
$^{1}/_{10}$ blok santen

Snijd het braadkuiken in stukken of vraag uw poelier om dat voor u te doen.
Maak de ui schoon en snipper hem fijn. Wrijf ui, knoflook, sambal, kemeries, djinten en koenjit tot een brij.
Fruit deze in wat hete olie even aan. Voeg de gemalen kokos toe en laat deze onder goed roeren meebakken.
Giet er vervolgens 3 deciliter water bij en voeg de tamarinde en de sereh toe. Breng het geheel aan de kook en los de santen op in de saus. Doe de stukken kip bij de saus en laat de kip op niet te hoog vuur in de saus gaar worden.

Mosterdkip

1 braadkuiken
1 ui
3 tenen knoflook, geperst
1 eetlepel pittige mosterd
1 theelepel sambal manis
1 eetlepel olie
3 eetlepels vloeibare tamarinde

Verdeel de kip in stukken of vraag uw poelier om dat voor u te doen. Smeer de stukken kip in met de tamarinde en laat deze een halfuur intrekken. Maak de ui schoon en snipper hem fijn. Wrijf ui, knoflook, mosterd en sambal tot een brij en roer daar de olie door. Smeer de stukken kip hier ook mee in en laat nog een uur marineren. Rooster de stukken kip op de grill of barbecue bruin en gaar.

Smoor van kipfilets

600 gram kipfilets
250 gram tomaten
1 deciliter ketjap manis
2 tenen knoflook uit de knijper
1 ui
blaadje daon salam of laurier
1 eetlepel geraspte verse gemberwortel of 1½ theelepel gemberpoeder
1 Spaanse peper
2 kippenbouillontabletten
olie
stuk soepkip

Zet de soepkip op met ¾ liter water en de bouillontabletten. Breng het geheel aan de kook, zet het vuur laag en trek er in ongeveer een uur een kippenbouillon van.
Maak de ui schoon en snijd hem in snippers. Ontvel de tomaten. Fruit de ui in een scheutje olie even aan en voeg het knoflook toe. Snijd de tomaten in stukken en doe deze bij het ui-knoflook-mengsel. Was het pepertje, verwijder de steel en hak het fijn. Roer Spaanse en gemberpoeder door het tomatenmengsel en voeg het laurierblad toe.
Snijd de kipfilets in blokjes. Schep ze door het tomatenmengsel. Zeef de bouillon en voeg zoveel toe dat de kip net onder staat. Zet het vuur laag en laat de kip in de saus zachtjes gaar worden.

Kip uit Sumba

1 braadkip
12 sjalotjes
4 eetlepels natuurazijn
4 eetlepels ketjap
1 teen knoflook, geperst
3 fijngehakte gembernootjes
1 theelepel gemberpoeder of 2 theelepels geraspte gemberwortel
2 theelepels laos
2 theelepels sambal manis
2 theelepels bruine suiker of 1 theelepel Javaanse suiker
olie

Verdeel de kip in vieren en bak de stukken in hete olie rondom bruin. Haal de stukken uit de pan. Zet het vuur laag.
Maak de sjalotjes schoon en fruit deze in de achtergebleven olie even aan. Laat het knoflook onder goed omscheppen ook meebakken. Voeg dan de azijn toe, de ketjap, de gembernoot en het gemberpoeder of de gemberwortel, de laos en sambal en de suiker. Giet twee kopjes water bij de saus en laat deze even aan de kook komen. Roer hem goed door. Leg de stukken kip terug in de pan, doe het deksel erop en laat de kip op laag vuur in ongeveer een uur gaar worden.

Petjal ajam

1 braadkuiken
2 tenen knoflook, geperst
2 theelepels sambal oelek
½ theelepel trassi
⅛ blok santen
1 eetlepel geraspte gemberwortel

Snijd de kip in vieren. Grilleer de stukken of bak ze in olie aan. Wrijf knoflook, sambal, trassi en gemberwortel tot een brij. Fruit deze in olie even aan. Voeg drie kopjes water toe en smelt de santen in de saus. Doe de stukken kip bij de saus en laat deze op niet te hoog vuur in ongeveer een uur gaar worden.

Soto ajam uit Madura

1 flink braadkuiken
1 theelepel laos
1 theelepel gemberpoeder of 2 theelepels verse geraspte gemberwortel
1 theelepel koenjit
2 serehstengels
3 tenen knoflook, geperst
500 gram aardappelen
200 gram taugé
3 gepofte kemirienoten
3 Spaanse pepers
1 ui
2 citroenen
ketjap manis

Zet de kip op met zoveel water dat hij net onder staat en breng het water aan de kook. Laat even doorkoken en zet het vuur laag. Voeg de laos, gember, koenjit, sereh en djeroek poeroet toe, evenals wat peper en zout. Laat de kip ongeveer twee uur trekken tot u een krachtige bouillon hebt verkregen.
Schil intussen de aardappelen, snijd ze in blokjes en voeg deze de laatste twintig minuten aan de bouillon toe. Laat ze in de bouillon gaar worden. Wrijf de pepers fijn met de kemirienoten, bak dit mengsel even op en giet er het sap van de citroenen bij. Voeg ook dit mengsel aan de bouillon toe.
Haal de kip uit de pan wanneer hij gaar is en fileer hem. Doe de stukken terug bij de soep. Voeg het kemiriemengsel aan de soep toe en roer het goed door. Knijp er dan het knoflook in uit. Maak de ui schoon en snipper hem. Bak de snippers in olie even aan en roer ook deze door de soep.
Laat alles nog even een paar minuten doorsudderen.
Doe er ook de schoongemaakte taugé bij en laat deze even meesudderen. Breng het gerecht op smaak met ketjap. Geef er rijst bij en zet apart sambal op tafel.

Smoor van eend

1 jonge eend
15 sjalotten
3 tenen knoflook, geperst
sap van geraspte schil van ½ citroen
4 gepofte kemirienoten
2 theelepels ketoembar
1 theelepel djinten
1 theelepel laos
1 theelepel sambal trassi
1 kop melk

Snijd de eend in stukken of vraag uw poelier om dat voor u te doen. Zet de eend op met zoveel water dat de stukken voor de helft onder staan, breng het water aan de kook, zet het vuur laag en laat de eend gaar worden. Maak intussen de sjalotten schoon en snipper ze fijn. Wrijf sjalotten, knoflook, kemiries, ketoembar, djinten, laos, citroenrasp en sambal tot een brij. Fruit deze in wat olie even aan. Voeg de gare eend toe en laat de stukken even meebakken. Haal ze dan uit de pan en houd ze warm. Giet de melk en het citroensap bij de saus, zet het vuur hoog en laat de saus onder goed roeren inkoken tot hij gebonden is.

Eend uit Bali

1 jonge eend
1 ui
5 tenen knoflook, geperst
3 theelepels sambal trassi
2 theelepels laos
2 theelepels koenjit
8 gepofte kemirienoten
2 salamblaadjes
4 djeroek poeroet-blaadjes
2 serehstengels
6 eetlepels ketjap manis

Snijd de eend in stukken of vraag uw poelier om dat voor u te doen. Bak de stukken in hete olie aan weerszijden gaar en haal ze dan uit de pan.
Wrijf ui, knoflook, sambal, laos, koenjit en kemiries tot een brij. Fruit deze in hete olie even aan. Voeg twee kopjes warm water toe en roer alles goed door. Giet de ketjap erbij en voeg salam- en djeroek poeroet-blaadjes toe.
Doe de stukken eend terug in de pan en laat ze op niet te hoog vuur gaar stoven.

Zwartzuur van eend

1 jonge eend
1 ui
2 tenen knoflook uit de knijper
2 theelepels sambal manis
2 theelepels kruidnagelpoeder
2 theelepels kaneelpoeder
1 theelepel geraspte nootmuskaat
10 zwarte peperkorrels
1 deciliter ketjap manis
1 deciliter rode wijn
1 eetlepel azijn

Snijd de eend in stukken of vraag uw poelier om dat voor u te doen.
Bak de stukken eend in hete olie aan weerskanten bruin en haal ze dan uit de pan.
Maak de ui schoon en snipper hem fijn. Doe ui, knoflook en sambal in de achtergebleven olie en fruit dit even aan. Giet er dan wat water, de wijn, de azijn en de ketjap bij. Laat even opkoken en voeg dan kruidnagel, kaneel, nootmuskaat en peperkorrels toe.
Doe de stukken eend terug in de pan en laat ze in de saus gaar worden.

Satés

Speciale kipsatés

60 gram kipfilet
8 eetlepels pindakaas
1 ui
2 theelepels sambal trassi
3 eetlepels ketjap
2 blaadjes djeroek poeroet

Snijd het kippenvlees in niet te kleine dobbelstenen.
Rijg deze aan satéstokjes of -pennen en rooster ze op de grill of barbecue halfgaar.
Maak intussen de ui schoon en snipper hem fijn. Wrijf ui, sambal en pindakaas tot een brij. Bak deze brij samen met de djeroek poeroet-blaadjes in hete olie even op en laat hem een paar minuten zachtjes bakken. Giet er dan de ketjap en het citroensap door.
Haal de satés van de grill of barbecue en dompel ze in de saus.
Laat ze weer een paar minuten roosteren en dompel ze dan opnieuw in de saus. Blijf dit herhalen tot de satés gaar zijn.

Sesaté ikan

750 gram kabeljauwfilets
1 ui
$^1/_2$ zakje geraspte kokos
1 theelepel djinten
2 theelepels serehpoeder
3 theelepels laos
3 tenen knoflook, geperst
1 prei
2 eieren
1 theelepel sambal trassi

Maal de kabeljauwfilets in de gehaktmolen. Maak de ui schoon en snipper hem fijn. Maak de prei schoon en snipper ook deze fijn. Meng het visgehakt met de geraspte kokos, de djinten, het serehpoeder, de laos, het knoflook, de gesnipperde ui, de gesnipperde prei en de sambal. Splits de eieren. Voeg de eierdooiers aan het gehaktmengsel toe en roer dat goed door. Klop de witten heel licht. Vorm balletjes van het visgehakt. Rol deze door het eiwit en steek ze aan pennen. Rooster de visballetjes in ongeveer tien minuten bruin en gaar.

Saté van pepers

16 grote Spaanse pepers
2 theelepels verse geraspte gemberwortel of 1 theelepel gemberpoeder
4 theelepels ketoembar
2 theelepels djinten
1 ui
3 tenen knoflook, geperst
400 gram rundergehakt
1 ei

Maak de ui schoon en snipper hem fijn. Maak het gehakt aan met het losgeklopte ei, de gember, ketoembar, djinten en het knoflook. Was de pepers, verwijder de steeltjes en snijd ze aan een kant in de lengte open. Verwijder de pitjes. Vul de pepers met het gehaktmengsel en druk de pepers weer goed dicht. Rijg de pepers aan pennen. Bestrijk ze met olie en rooster ze ongeveer tien minuten, tot het vlees gaar is. Draai ze daarbij regelmatig om.

Saté van makreel

2 verse makrelen, gefileerd
3 eetlepels petis
1 eetlepel ketjap manis
1 theelepel sambal trassi
2 theelepels gehakte verse gemberwortel of 1 theelepel gemberpoeder
2 eetlepels sherry

Meng de petis met de ketjap, de trassi, de sherry en het gemberpoeder. Roer alles goed door elkaar. Snijd de makreelfilets in niet te kleine dobbelstenen. Doe deze bij de saus, schep alles goed om en laat de vis minstens twee uur marineren. Rijg de makreel dan aan satéstokjes of pennen en rooster of grilleer de vis in ca. zes minuten rondom bruin en gaar.

Saté uit Bali

250 gram varkenshaas
250 gram lamsbout
2 uien
3 tenen knoflook, geperst
1 blaadje djeroek poeroet
1 theelepel gemberpoeder of 2 theelepels geraspte verse gemberwortel
$1^1/_2$ theelepel trassi
1 theelepel sambal oelek
sap van 1/2 citroen
2 eetlepels santen
1 eetlepel vloeibare tamarinde
1 theelepel koenjit

Los de santen op in een kopje heet water en laat dit mengsel afkoelen. Maak de uien schoon en snipper ze. Wrijf ui, knoflook, djeroek poeroet, gember, trassi, sambal, koenjit en tamarinde tot een brij. Giet hierbij het citroensap en de santen en schep alles goed om. Snijd varkensvlees en lamsvlees in niet te kleine dobbelstenen. Doe het vlees bij de saus en schep alles goed om. Laat het vlees twee uur marineren. Haal het dan uit de marinade en dep het vlees droog met keukenpapier. Rijg het aan pennen of houten stokjes en rooster de satés gaar.

Saté van lever en varkenshaas

200 gram kalfslever
300 gram varkenshaas
3 rode uien
1 kleine gewone ui
1 Spaanse peper of theelepel sambal oelek
¹/₄ theelepel trassi
2 gepofte kemirienoten
¹/₂ theelepel ketoembar
¹/₂ theelepel koenjit
¹/₄ theelepel laos
stukje santen ter grootte van een walnoot
olie

Snijd het vlees in niet te kleine dobbelstenen.
Snipper de uien en het knoflook en hak de gepofte kemirienoten fijn. Was het pepertje, verwijder de steel en hak ook dit fijn.
Meng alles en voeg de trassie, de koenjit, de laos en de ketoembar toe.
Verwarm een eetlepel olie en fruit het kruidenmengsel hierin even aan. Voeg een scheutje lauw water toe en los de santen in de saus op. Laat alles even doorkoken, neem dan de pan van het vuur en laat de saus afkoelen.
Marineer het vlees minstens twee uur in deze saus.
Rijg dan om en om een stukje varkensvlees en een stukje lever aan stokjes en rooster deze.

Saté van schapenvlees

500 gram schapen- of lamsbout
5 eetlepels vloeibare tamarinde
1 eetlepel sambal manis
3 tenen knoflook, geperst
4 gepofte kemirienoten
2 theelepels ketoembar
1 theelepel djinten
2 theelepels verse geraspte gemberwortel of 1 theelepel gemberpoeder

Maak een brij van sambal, knoflook, ketoembar, djinten, gemberwortel en de vloeibare tamarinde. Snijd het vlees in niet te kleine dobbelstenen of vraag uw slager dat voor u te doen. Wrijf het vlees in met de marinade en laat het minimaal een uur intrekken. Rijg het vlees aan stokjes of pennen en rooster het op de grill of barbecue. U kunt bij deze satés een sojasaus serveren.

Saté van geitenvlees

500 gram mals geitenvlees
4 tenen knoflook
1 theelepel gemberpoeder
1 theelepel versgemalen peper
4 eetlepels olie

Knijp het knoflook uit in de olie. Voeg het gemberpoeder en de peper toe en roer alles goed door elkaar. Snijd het geitenvlees in niet te kleine dobbelstenen. Leg het vlees in het olie-kruidenmengsel en schep het goed om. Laat het ongeveer een uur marineren. Rijg het vlees vervolgens aan stokjes en rooster deze. Bestrijk het vlees tijdens het roosteren een paar keer met de marinade. Geef bij deze satés een ketjapsaus.

Saté van grote garnalen

16 grote Chinese garnalen
8 tenen knoflook
zout

Pel de garnalen en verwijder het darmkanaal. Was ze en dep ze met keukenpapier droog. Knijp het knoflook uit en voeg er wat water en zout aan toe. Wrijf de garnalen met dit mengsel in en laat ze een uur marineren. Prik de garnalen vervolgens op stokjes. Per stokje twee garnalen in de lengte. Rooster de garnalen. Serveer hierbij sojasaus.

Saté van biefstuk

500 gram malse biefstuk
1 eetlepel Javaanse suiker of
3 eetlepels bruine suiker
sap van 1 citroen
3 tenen knoflook, geperst
1 theelepel ketoembar
$^{1}/_{2}$ theelepel djinten

Snijd het vlees in niet te kleine dobbelstenen. Los de suiker op in een scheutje water. Voeg citroensap, knoflook, ketoembar en djinten toe. Schep deze saus over het vlees en laat het enkele uren marineren. Laat het vlees uitlekken en dep het droog met keukenpapier. Rijg het aan stokjes of pennen en rooster het vlees gaar. Bestrijk het daarbij met de achtergebleven marinade. Een saus is hierbij niet nodig.

Saté babi

500 gram mager varkensvlees
1 eetlepel Javaanse suiker of bruine suiker
4 eetlepels ketjap manis
1 theelepel ketoembar
1 eetlepel olie
1 teen knoflook uit de knijper

Meng ketjap, suiker en knoflook goed. Voeg onder goed roeren de olie en de ketoembar toe. Zorg ervoor dat de suiker volledig is opgelost. Snijd het vlees in niet te kleine dobbelstenen. Giet de saus erover en schep alles goed om. Laat het vlees minstens twee uur in de saus marineren. Rijg het vlees aan stokjes of pennen. Rooster de satés. Keer ze tijdens het roosteren steeds om. Geef bij deze satés een pindasaus.

Saté babi Madura

500 gram varkenshaas
2 uien
2 tenen knoflook, geperst
4 eetlepels ketjap manis
2 gepofte kemirienoten
1 theelepel laos
1/2 theelepel koenjit
1/2 theelepel gemberpoeder of
1 theelepel geraspte verse gemberwortel
1 theelepel ketoembar
1/2 theelepel djinten
2 eetlepels vloeibare tamarinde
2 eetlepels Javaanse suiker of
4 eetlepels bruine suiker
2 serehbladen
2 djeroek poeroet-bladen
4 theelepels sambal oelek

Maak de uien schoon en snipper ze fijn. Maak een marinade van uien, knoflook, ketjap, kemiries, laos, koenjit, gember, ketoembar, djinten, tamarinde en suiker. Voeg de sereh en djeroek poeroet toe.

Snijd de varkenshaas in dobbelstenen. Voeg deze aan de saus toe, schep het vlees goed om, zodat de saus wordt opgenomen en laat het vlees een uurtje marineren. Dep het dan droog, rijg het aan pennen of satéstokjes en rooster of grilleer het vlees gaar.

Saté manis

500 gram varkensfricandeau
2 tenen knoflook, geperst
6 eetlepels ketjap manis
1 eetlepel Javaanse suiker of 2 eetlepels bruine suiker
$^1/_2$ theelepel sambal manis
sap van $^1/_2$ citroen

Meng het knoflook met wat zout.
Snijd het vlees in niet te kleine dobbelstenen of vraag uw slager om dat voor u te doen.
Smeer het vlees in met de knoflookpulp en laat dit een half uur intrekken.
Maak van de ketjap, de suiker, de sambal en het citroensap een marinade. Klop deze energiek door elkaar, zodat de suiker goed oplost.
Giet de marinade over het vlees en laat het vlees zo drie uur staan. Laat het dan uitlekken, maar vang de marinade op.
Dep het vlees droog en rijg het aan pennen of stokjes. Rooster de satés op de barbecue of grill en bestrijk ze daarbij regelmatig met de achtergebleven marinade.

Saté manis uit Java

500 gram runderlende
4 eetlepels Javaanse suiker of 8 eetlepels bruine suiker
8 eetlepels ketjap manis
2 eetlepels geraspte kokos
1 theelepel sambal manis voor de saus.
8 eetlepels ketjap manis
sap van 1/2 citroen
3 sjalotjes

Snijd het vlees in niet te kleine dobbelstenen. Maak een marinade van ketjap, kokos, suiker en sambal. Roer en klop alles energiek door elkaar, zodat de suiker goed opgelost raakt. Marineer hierin het vlees enige uren. Laat het vlees uitlekken en bewaar de marinade. Rijg het vlees aan satépennen of -stokjes. Rooster ze op de grill of barbecue bruin en gaar. Bestrijk ze daarbij regelmatig met de marinade. Maak de saus door ketjap en citroensap door elkaar te roeren. Maak de sjalotjes schoon en snipper ze ragfijn. Roer ze door de saus en giet deze saus over de satés.

Saté goerie

500 gram varkenshaas
2 tenen knoflook, geperst
4 eetlepels ketjap manis
1 eetlepel Javaanse suiker of
2 eetlepels bruine suiker
2 gepofte kemirienoten
sap van $^{1}/_{2}$ citroen
$^{1}/_{10}$ blok santen
1 theelepel sambal oelek

Wrijf knoflook, kemiries en sambal tot een brij.
Snijd het vlees in dobbelstenen en smeer de stukken in met de kruidenbrij. Laat een half uur intrekken. Maak intussen de marinade. Meng de ketjap met het citroensap en de suiker. Klop goed door, zodat de suiker helemaal in de saus wordt opgenomen.
Los de santen op in een kopje heet water en giet dit mengsel vervolgens bij de marinade. Meng alles goed en laat het vlees verder een paar uur in deze saus marineren.
Giet de saus dan af en dep het vlees goed droog.
Rijg het aan pennen of stokjes en rooster de satés op de barbecue of grill.

Cor's saté babi

500 gram varkenshaas
2 deciliter ketjap manis
2 eetlepels ketjap benteng
2 theelepels gemberpoeder
1 theelepel djinten
4 blaadjes djeroek poeroet
3 tenen knoflook, geperst
3 theelepels sambal badjak (desnoods te vervangen door sambal oelek)

Snijd de varkenshaas in niet te kleine dobbelstenen.
Maak een marinade door ketjap manis, ketjap benteng, gemberpoeder, djinten, knoflook en sambal goed te mengen. Voeg de djeroek poeroet-blaadjes toe.
Laat het vlees hierin minstens twee uur marineren. Schep het daarbij van tijd tot tijd om.
Laat na het marineren het vlees uitlekken, maar vang de marinade op. Dep het vlees goed droog en rijg het aan satépennen of -stokjes.
Rooster de satés gaar op de grill of barbecue. Keer ze regelmatig om en bestrijk ze tijdens het roosteren met de marinade. Bij deze satés is een ketjapsaus erg lekker, maar een pindasaus kan ook.

Saté ajam

500 gram kipfilets
2 eetlepels ketjap manis
2 Spaanse pepers
4 gepofte kemirienoten
1 ui
2 tenen knoflook, geperst
100 gram ontvliesde pinda's
olie
zout
citroensap

Was de pepers en verwijder de steeltjes. Hak ze fijn. Maak de ui schoon en snipper hem. Stamp pepers, kemirienoten, pinda's, ui, en knoflook fijn of maal ze fijn in de keukenmachine. In dat geval hoeft u niet eerst de ui en de pepers fijn te hakken. Voeg zo veel olie toe dat een vrij dikke brij ontstaat.
Warm deze op in een koekenpan en voeg de ketjap toe. Laat even door sudderen en vervolgens afkoelen.
Snijd de kipfilets in niet te kleine dobbelstenen en smeer deze in met de saus. Laat ongeveer een uur intrekken.
Rijg de stukken kip aan stokjes of pennen en rooster ze.
Besprenkel ze voor het serveren met wat citroensap.

Saté van gehakt

500 gram rundergehakt
2 Spaanse pepers
1 theelepel ketoembar
$^1/_2$ theelepel djinten
$^1/_4$ theelepel koenjit
4 gepofte kemirienoten
1 theelepel Javaanse suiker of bruine suiker
$^1/_4$ theelepel trassi
$^1/_2$ eetlepel tamarinde
4 sjalotjes
2 tenen knoflook, geperst
30 gram gemalen kokos
1 ei
olie

Was de pepers, verwijder de steeltjes en hak ze fijn. Stamp pepers, ketoembar, djinten, koenjit, suiker, sjalotjes, knoflook en kokos fijn. Dit kan ook in de keukenmachine. Voeg de tamarinde toe.
Verhit een scheutje olie in een koekenpan en bak het kruidenmengsel op niet te hoog vuur enkele minuten aan. Wrijf het vervolgens door een zeef.
Meng de zo verkregen saus met het gehakt. Kneed alles goed door en vorm er balletjes van.
Rijg deze op stokjes of pennen en smeer ze licht in met olie.
Rooster de balletjes in ongeveer vijf minuten aan alle kanten bruin en gaar.

Saté ajam uit Timor

500 gram kipfilets
1/2 theelepel trassi
2 tenen knoflook, geperst
1/2 theelepel cayennepeper
4 eetlepels ketjap manis
sap van 1/2 citroen
1/4 theelepel djinten

Wrijf de trassi met het knoflook, de cayennepeper en de djinten tot een brij. Voeg de ketjap en het citroensap toe. Roer er nog twee eetlepels olie door en meng alles goed. Snijd de kipfilets in dobbelstenen. Doe de kip bij de saus en schep alles goed om. Laat de stukken kip een uurtje in de saus marineren. Dep de kip dan droog en rijg de stukken aan pennen. Rooster of grilleer ze gaar, waarbij u de stukken nu en dan met de marinade insmeert.

Saté van mosselen

1 zak mosselen
1 ui
4 tenen knoflook, geperst
2 theelepels verse geraspte gember of 1 theelepel gemberpoeder
1 theelepel sambal trassi
1 theelepel Javaanse suiker of 2 theelepels bruine suiker
4 salamblaadjes

Maak de ui schoon en snipper hem fijn. Wrijf ui, knoflook, gember, sambal en suiker tot een brij.
Fruit deze in hete olie even aan, voeg vervolgens de tamarinde toe en de salamblaadjes. Giet er 1/2 liter water op en laat even doorkoken.
Maak de mosselen schoon en gooi exemplaren die openstaan of waarvan de schelp beschadigd is weg.
Kook de mosselen gaar in de bouillon. Laat ze in de bouillon afkoelen en haal ze dan uit de schelp.
Steek de mosselen aan satéstokjes of pennen en rooster ze in een paar minuten bruin.

Groentegerechten en salades

Orek arak

200 gram sperziebonen
1 spitskool
2 tenen knoflook, geperst
3 sjalotten
4 Spaanse pepers
3 theelepels verse geraspte gember of $1^1/_2$ theelepel gemberpoeder
1 theelepel trassi
1 theelepel Javaanse suiker of 2 theelepels bruine suiker
150 gram geraspte kokos
5 blaadjes djeroek poeroet
2 salamblaadjes
2 eetlepels azijn

Haal de sperziebonen af en breek ze in kleine stukken. Kook deze in een bodempje water net gaar.
Maak de spitskool schoon, snijd de stronk weg en snijd de kool fijn. Blancheer de kool in een vergiet door er kokend water over te gieten en vervolgens goed te laten uitlekken.
Maak de sjalotten schoon en snipper ze fijn. Was de pepers, verwijder de steeltjes en hak ze fijn. Wrijf sjalotten, pepers, knoflook, gember, trassi en suiker tot een brij.
Fruit deze in wat hete olie even aan. Zet het vuur laag en voeg de geraspte kokos toe. Giet er een kopje water bij en laat de saus even zachtjes sudderen. Doe er dan de azijn en de djeroek poeroet- en salamblaadjes bij en voeg de groenten toe. Laat even doorsudderen.

Aubergines in eiersaus

2 aubergines
1 eetlepel mosterd
2 eetlepels vloeibare tamarinde
1 theelepel Javaanse suiker of
2 theelepels bruine suiker
3 eieren
1 theelepel sambal manis

Kook de eieren hard en pel ze. Was de aubergines en verwijder de stelen. Snijd de aubergines in dobbelstenen. Prak de eieren met een vork fijn en meng ze met de mosterd, tamarinde, sambal en suiker. Verhit een scheutje olie in een koekenpan. Bak de aubergines hierin aan. Voeg de eiermassa toe en roer alles goed door elkaar. Laat het gerecht goed doorwarmen.

Aubergines uit Ambon

2 flinke aubergines
2 sjalotten
1 theelepel sambal
2 tenen knoflook, geperst
sap van 1/2 citroen
1 eetlepel ketjap
1/2 eetlepel olie

Begin met de saus: maak de sjalotten schoon en snipper ze fijn. Wrijf ui, knoflook en sambal tot een brij. Klop er onder goed roeren het citroensap, de ketjap en de olie bij. Giet er vervolgens, eveneens onder goed roeren, 1 à 2 eetlepels water bij.
Was de aubergines, verwijder de stelen en snijd het vruchtvlees in dobbelstenen.
Bak deze in hete olie even aan, giet de saus erover en roer alles goed door. Meteen opdienen.

Javaanse lotek

100 gram andijvie
100 gram spinazie
100 gram Chinese kool
150 gram sperziebonen
100 gram taugé

1 flinke aardappel
5 eetlepels pindakaas
$^{1}/_{2}$ eetlepel sambal oelek
1 theelepel kurkuma
2 eetlepels vloeibare tamarinde

Schil de aardappel en kook hem gaar.
Was de spinazie en de andijvie. Maak de kool schoon en snijd hem fijn. Haal de sperziebonen af en breek ze doormidden. Was de taugé en verwijder de groene vliezen.
Blancheer andijvie, spinazie en kool apart in wat kokend water. Kook de sperziebonen beetgaar.
De taugé kunt u rauw laten of in het vergiet leggen en er even kokend water op gieten.
Prak de aardappel fijn en meng hem met de pindakaas, de sambal, de kurkuma en de tamarinde. Roer door dit mengsel 2 eetlepels water en klop alles goed door.
Leg de groenten op een schotel en meng ze met de aardappelsaus.

Sambal goreng van snijbonen

250 gram snijbonen
1 ui
2 tenen knoflook, geperst
2 theelepels sambal oelek
1 theelepel trassi

2 tomaten
$^1/_2$ eetlepel Javaanse suiker of
1 eetlepel bruine suiker
$^1/_8$ blok santen

Haal de bonen af en snijd ze in stukken. Was ze goed. Maak de ui schoon en snipper hem fijn. Wrijf ui, knoflook, sambal, suiker en trassi tot een brij. Fruit deze in hete olie even aan en giet er vervolgens een kopje water bij. Laat de saus een paar minuten doorkoken. Pel intussen de tomaten en snijd ze fijn. Doe ze bij de saus en laat het geheel nog tien minuten sudderen. Doe dan de snijbonen erbij en laat deze net gaar worden. Los tenslotte de santen op in de saus.

Sambal goreng van savooienkooi

1 ui
2 theelepels sambal oelek
mespunt trassi
400 gram savooienkool
2 eetlepels vloeibare tamarinde
1 theelepel laos
1 theelepel Javaanse suiker of
2 theelepels bruine suiker

Maak de ui schoon en snipper hem fijn. Wrijf ui, sambal, trassi, laos en suiker tot een brij.
Fruit deze in wat olie even aan, zet het vuur laag en laat een paar minuten doorsudderen.
Maak de kool schoon en snijd hem fijn.
Doe de kool bij het sambalmengsel. Voeg de tamarinde toe en roer alles goed door.
Laat het gerecht op laag vuur sudderen tot de kool net gaar is. Schep het van tijd tot tijd om en voeg zonodig nog een kopje water toe. Het is echter niet de bedoeling dat het gerecht vloeibaar wordt.

Bogorese tomatensla

3 rijpe tomaten
1 groene spaanse peper
$^1/_2$ theelepel sambal
sap van 2 citroenen
2 eetlepels ketjap manis
1 eetlepel Javaanse suiker of
2 eetlepels bruine suiker

U kunt voor deze salade de tomaten ontvellen maar strikt nodig is dat niet. U kunt volstaan met ze goed te wassen en vervolgens in dunne schijven te snijden.
Strooi wat zout over de plakken en laat ze uitlekken.
Maak vervolgens de saus door het citroensap te mengen met de ketjap en hier vervolgens de suiker in op te lossen. Klop energiek, zodat de suiker goed smelt.
Was het pepertje, verwijder het steeltje en snijd het in dunne schijfjes. Roer de stukjes peper door de saus.
Leg de plakken tomaat in een ondiepe schotel en giet de saus erover. Laat de salade afgedekt enkele uren staan en schep hem voor het serveren nog even goed om.

Maïs-aardappelschotel

1 blikje maïskorrels
250 gram aardappelen
2 blaadjes djeroek poeroet
$^1/_2$ blok santen
2 salamblaadjes
150 gram sperziebonen
1 ui
2 theelepels verse geraspte gember of 1 theelepel gemberpoeder
2 theelepels sambal oelek
1 theelepel laos
1 theelepel koenjit

Giet de maïskorrels af in een vergiet en laat ze goed uitlekken. Schil de aardappelen en snijd ze in kleine blokjes.
Bak de aardappelen in wat olie aan alle kanten aan. Voeg de maïskorrels toe, evenals de sambal, gember, fijngesnipperde ui, laos en koenjit. Laat dit alles vijf minuten doorbakken. Giet er dan 3 deciliter water bij en los de santen onder goed roeren op in de saus. Voeg de djeroek poeroet- en de salamblaadjes toe. Maak intussen de sperziebonen schoon en breek ze in kleine stukjes. Voeg deze bij de rest van de groenten en laat ze net gaar worden. Verwijder voor het serveren de djeroek poeroet en de salam.

Groentepetjel

100 gram sperzie- of snijbonen
250 gram spinazie
250 gram andijvie
100 gram savooienkool
1 ui
2 theelepels sambal trassi
1 theelepel djinten
2 theelepels laos
1 theelepel Javaanse suiker of 2 theelepels bruine suiker
1 deciliter melk

Maak de ui schoon en snipper hem fijn. Wrijf ui, sambal, djinten laos en suiker tot een brij.
Fruit deze in wat olie even aan.
Haal de bonen af en breek of snijd ze in niet te grote stukken.
Voeg deze toe aan het kruidenmengsel en laat even doorbakken.
Was intussen de spinazie, de andijvie en de kool goed. Voeg deze na een paar minuten bij de bonen. Roer alles goed door, zet het vuur laag en laat de groenten in de saus net gaar worden.

Komkommerpetjel

1 grote komkommer
4 gepofte kemiries
1 theelepel sambal manis
1 theelepel laos
1 eetlepel vloeibare tamarinde
1 deciliter melk

Schil de komkommer, snijd hem overdwars doormidden en verwijder de pitjes. Snijd de komkommer in schijven, leg deze in een vergiet en strooi er zout op. Laat de komkommerschijven uitlekken.
Wrijf een brij van de kemiries, sambal, laos en tamarinde. Fruit deze in wat olie even aan. Voeg vervolgens de melk toe. Breng het geheel aan de kook, zet het vuur laag en laat de saus onder af en toe roeren inkoken.
Dep de komkommerschijven droog en leg ze in een schaal. Laat de saus afkoelen en schenk hem dan over de komkommer. Schep alles goed om alvorens te serveren.

Lotek met petjilsaus

200 gram kool
200 gram sperziebonen
200 gram andijvie
200 gram taugé
½ komkommer
sap van 1 citroen

Maak de kool schoon, snipper hem grof en kook hem net gaar. Haal de sperziebonen af, breek ze doormidden en kook ze beetgaar. Maak de andijvie schoon en laat deze snel slinken. Was de taugé goed, verwijder de groene vliezen en blancheer de groente, door er wat kokend water over te gooien. Schil de komkommer en snijd hem in blokjes. Meng alle groenten met elkaar en giet het citroensap erover. Nog eens goed doorroeren en er vervolgens de petjilsaus overheen gieten (zie recept onder Sauzen).

Piendang boontjes

400 gram runderlappen
1 ui
2 Spaanse pepers
1 theelepel serehpoeder
4 salamblaadjes
1 theelepel laos
sap van 1 citroen
2 theelepels Javaanse suiker of
4 theelepels bruine suiker
400 gram sperziebonen
250 gram taugé
3 tenen knoflook, geperst
3 theelepels bouillonpoeder
1 theelepel koenjit

Maak de uien schoon en snipper ze fijn. Was de pepers, verwijder de steeltjes en hak ze fijn. Bak pepers, knoflook, ui en kruiden in wat olie even aan.
Snijd de runderlappen in kleine dobbelstenen. Bak deze even mee met de groenten en kruiden. Giet er vervolgens $^3/_4$ liter water bij en breng het geheel even aan de kook. Voeg het bouillonpoeder toe, evenals het citroensap.
Maak de sperziebonen schoon en voeg deze bij de bouillon. Zet het vuur laag en laat alles ongeveer een halfuur pruttelen, of tot het vlees mals is.
Maak de taugé schoon en laat deze de laatste vijf minuten meepruttelen.

Gebakken bananen

4 grote bananen
2 uien
1 theelepel sambal manis
boter
zout
peper

Maak de uien schoon en snipper ze. Fruit ze in wat boter even aan. Schil de bananen en snijd ze in plakjes. Voeg deze aan de uien toe. Doe er de sambal bij en roer alles goed om. Bak de bananen tot de plakjes beginnen te kleuren. Breng op smaak met peper en zout en serveer direct.

Taugéschotel

2 ons taugé
2 preien
3 stengels bleekselderij
1 ui
3 tenen knoflook, geperst
2 eetlepels zoete ketjap

Maak de ui schoon en snipper hem fijn. Maak de preien schoon en snijd ze in dunne ringen. Was de stengels bleekselderij, schil ze dun en hak ze fijn. Fruit ui en knoflook in wat hete olie even aan. Voeg de prei en de selderij toe en laat dit op niet te hoog vuur vijf minuten bakken. Was intussen de taugé goed en verwijder de groene vliezen. Doe de taugé bij de rest van de groenten, giet de ketjap erbij en laat dit een paar minuten op zacht vuur bakken. Niet te lang, want de taugé moet knapperig blijven.

Gemengde groente in het zuur

100 gram taugé
1 kleine komkommer
100 gram zilveruitjes
2 Spaanse pepers
6 sjalotjes
2 tenen knoflook, geperst
1 theelepel koenjit
1 theelepel kurkuma
1 theelepel gemberpoeder
½ fles natuurazijn

Was de taugé goed en verwijder de groene vliezen.
Was de komkommer, snijd hem in tweeën, verwijder de pitjes, snijd de helften in blokjes en bestrooi deze met zout. Laat de komkommer in een vergiet uitlekken.
Was de pepers, verwijder de steeltjes en snijd ze in kleine stukjes.
Maak de sjalotjes schoon. Breng in een koekenpan met hoge rand de azijn aan de kook.
Voeg 2 eetlepels water toe en doe er vervolgens de knoflook, koenjit, kurkuma en gember bij.
Laat alles even doorsudderen.
Doe er dan de sjalotjes en de zilveruitjes bij. Laat deze twee minuten koken. Voeg dan de pepers en de komkommerschijven toe en laat deze een minuut meekoken. Doe er ten slotte de taugé bij en laat nog een minuut doorkoken.
Haal de pan van het vuur en laat de groente in de azijn afkoelen.
Doe de groente over in een schaal en zet deze een paar uur in de koelkast alvorens te serveren.

Indische salade

½ krop sla
½ komkommer
4 aardappelen
2 eieren
5 gepofte kemirienoten
2 theelepels sambal trassi
1 deciliter azijn
½ eetlepel Javaanse suiker of
1 eetlepel bruine suiker

Kook de aardappelen gaar, pel ze en snijd ze in blokjes. Kook de eieren hard, pel ze en snijd ze in plakjes.
Was de sla en verdeel hem in bladeren. Schil de komkommer en snijd hem in dunne schijfjes.
Wrijf sambal, kemiries en suiker tot een brij. Fruit deze in hete olie even aan en giet dan de azijn erbij. Laat opkoken en zet het vuur dan uit.
Meng aardappelen en komkommer met elkaar. Leg in een slabak eerst de slabladeren en daarop de komkommer en aardappelen. Giet de saus erover en garneer met de plakjes ei.

Smoor van aubergine en tomaat

1 aubergine
3 tomaten
sap van $^1/_2$ citroen
1 ui
1 theeelepel Javaanse suiker of 2 theelepels bruine suiker
2 eetlepels ketjap manis
2 theelepels sambal oelek

Ontvel de tomaten en snijd ze in stukken. Mak de ui schoon en snipper hem.
Fruit ui en knoflook in wat olie in de koekenpan even aan, voeg de tomaten toe, laat deze op hoog vuur even meebakken, zet het vuur dan laag en laat het geheel met het deksel op de pan ongeveer een kwartier sudderen.
Roer er af en toe in, zodat een saus ontstaat.
Voeg na het kwartier de ketjap, het citroensap en de sambal toe en laat alles nog even doorsudderen. Was intussen de aubergine, verwijder de steel en snijd hem in plakken.
Stoof deze in de tomatensaus gaar.

Sambalboontjes

250 gram sperziebonen of haricots verts
2 tenen knoflook, geperst
1 theelepel sambal oelek
1 ui
1 theelepel djinten

Voor dit gerecht zijn haricots verts het lekkerst, maar kunt u die niet krijgen dan kan het ook met sperziebonen. Haal de haricots verts of de sperziebonen af. Breek sperziebonen in stukken. Maak de ui schoon en snijd die in ringen. Verhit olie in een koekenpan. Laat de boontjes hierin vijf minuten op tamelijk hoog vuur bakken. Voeg dan de uiringen, het knoflook, de sambal en de djinten toe en laat het geheel onder goed omscheppen nog vijf minuten bakken. Zet het vuur dan laag en laat de boontjes zonder deksel net gaar worden. De bedoeling is dat ze lekker knapperig blijven.

Sambal goreng van taugé

400 gram taugé
1 ui
2 tenen knoflook, geperst
2 theelepels sambal manis
2 eetlepels ketjap manis
sap van 1/2 citroen
2 eetlepels fijngehakte bladselderij

Was de taugé goed, verwijder de groene vliezen en laat hem goed uitlekken. Maak de ui schoon en snipper hem fijn. Wrijf ui, knoflook en sambal tot een brij. Fruit deze in wat olie even aan. Voeg de taugé toe en laat deze niet langer dan een minuut meebakken. Haal de pan van het vuur en roer het citroensap en de ketjap door de taugé. Bestrooi de schotel vlak voor het opdienen met de fijngehakte selderij

Sambal goreng aardappelen

500 gram aardappelen
olie om te frituren
2 eetlepels olie om te bakken
1 ui
3 tenen knoflook, geperst
2 theelepels sambal trassi
1 theelepel laos
1 eetlepel vloeibare tamarinde
1 eetlepel Javaanse suiker of
2 eetlepels bruine suiker
2 salamblaadjes

Schil de aardappelen en snijd ze in dunne schijfjes. Droog deze af en bak ze in frituurvet bruin. Laat ze uitlekken op keukenpapier. Maak de ui schoon en snipper deze fijn. Wrijf ui, knoflook, sambal, laos en suiker tot een brij. Fruit deze in de twee eetlepels olie even aan. Voeg de tamarinde toe, roer alles goed door en laat even sudderen. Vermeng de aardappelschijfjes met deze saus en laat alles nog even doorwarmen.

Sambal goreng kool

500 gram witte kool
100 gram gepelde Hollandse garnalen
2 tenen knoflook, geperst
1 theelepel laos
2 salamblaadjes
2 theelepels sambal trassi
½ theelepel Javaanse suiker of 1 theelepel bruine suiker
1 ui
stukje santen ter grootte van een walnoot

Maak de ui schoon en snipper hem. Wrijf ui, knoflook, laos en sambal tot een brij. Fruit deze samen met de salamblaadjes in wat olie even aan. Maak de kool schoon en snipper deze grof. Doe twee kopjes water bij de saus, voeg de santen toe en laat deze smelten.
Doe dan de kool in de pan en laat deze in ca. tien minuten net gaar worden. Voeg zonodig nog wat water toe.
Doe, wanneer de kool bijna gaar is, de garnalen in de pan en laat deze goed warm worden.

Groentesalade met kokossaus

100 gram veldsla
250 gram tomaten
100 gram worteltjes
1 komkommer
1 bosje lente-uitjes
1 theelepel sambal trassi
stukje santen ter grootte van een walnoot
1 teen knoflook, geperst
sap van 1/2 citroen
1 theelepel Javaanse suiker of 2 theelepels bruine suiker

Begin met het maken van de saus.
Los daarvoor de santen op in een kopje warm water en laat het mengsel afkoelen.
Meng er dan het knoflook, het citroensap, de sambal en de suiker door. Roer en klop goed, zodat alles goed gemengd wordt en de suiker goed oplost.
Was de veldsla. Ontvel de tomaten en snijd ze in dunne plakken.
Was de worteltjes en schrap ze zonodig schoon. Snijd ze in dunne schijfjes. Hak de lente-uitjes fijn.
Schil de komkommer en snijd hem in dunne plakjes. Meng de groente.
Giet de kokossaus erover en meng alles goed.

Indonesische aardappelkoekjes

500 gram aardappelen
6 sjalotten
2 theelepels sambal oelek
1 theelepel ketoembar
$^1/_4$ theelepel geraspte nootmuskaat
2 eetlepels ketjap benteng

Kook de aardappelen in de schil. Laat ze even afkoelen tot u ze aan kunt raken, pel ze dan en stamp ze fijn.
Voeg de sambal, de laos, de ketoembar en de nootmuskaat toe.
Maak de sjalotten schoon, snipper ze fijn en fruit ze in wat olie even aan.
Verdeel het mengsel in acht porties en vorm van elke portie een koekje.
Bak de koekjes in hete olie aan beide kanten bruin in ongeveer vier minuten.
U kunt de aardappelkoekjes warm of koud serveren en ook bij de borrel smaken ze voortreffelijk.

Gekookte gemengde groente

100 gram worteltjes
1 kleine bloemkool
150 gram sperziebonen
1 ui
2 tenen knoflook, geperst
3 theelepels sambal trassi
$^1/_2$ deciliter ketjap manis
100 gram taugé

Maak de ui schoon en snipper hem fijn. Wrijf ui, knoflook en sambal tot een brij. Was of schrap de worteltjes en snijd ze in schijfjes. Maak de bloemkool schoon en verdeel hem in roosjes. Haal de bonen af en breek ze in stukken. Fruit de ui-sambal-knoflookbrij in wat hete olie even aan. Voeg de worteltjes er aan toe en laat deze vijf minuten op niet te hoog vuur bakken. Doe dan de sperziebonen in de pan en laat deze vijf minuten meebakken. Voeg vervolgens de bloemkool toe en schep alles goed om. Giet de ketjap in de pan, doe het deksel erop, zet het vuur laag en laat de groenten tien minuten doorsudderen. Was intussen de taugé en verwijder de groene vliezen. Doe de taugé bij de overige groente, zet het vuur wat hoger en laat alles onder goed roeren nog een paar minuten doorkoken.

Balinese maiskoekjes

klein blik maïskorrels
3 sjalotjes
2 theelepels ketoembar
2 eetlepels bloem
1 ei

Maak de sjalotjes schoon en snipper ze fijn. Meng het ei en de bloem door de maïskorrels. Voeg de gesnipperde sjalotjes en de ketoembar toe. Verhit een paar eetlepels olie in een kleine koekenpan. Laat een kwart van het maïsmengsel hierin op niet te hoog vuur een paar minuten bakken. Keer het koekje met een pannenkoekmes om en laat de andere kant ook bruin worden. Houd het koekje warm. Bak op deze manier vier maïskoekjes.

Indische groente-vruchtensalade

1 komkommer
2 zachtzure appels
200 gram wortelen
1 peer
een doosje aalbessen indien verkrijgbaar
3 eetlepels pindakaas
sap van $^1/_2$ citroen
4 eetlepels vloeibare honing
2 theelepels sambal oelek

Maak een sausje door de pindakaas los te roeren met het citroensap en de honing. Roer er de sambal door. Schil de komkommer en snijd deze in plakjes. Was de worteltjes en snijd ze in reepjes. Schil de appelen en de peer en snijd deze in kleine blokjes. Rits eventueel de aalbessen en was ze. Meng groenten en vruchten goed door elkaar en giet er dan het sausje over. Schep alles goed om en laat de salade in de koelkast een uurtje trekken, zodat alle smaken zich goed kunnen mengen. Schep de salade af en toe nog eens om.

Aubergines uit Medan

grote aubergines
3 theelepels sambal oelek
6 eetlepels pindakaas
2 eetlepels kruidenazijn
1 theelepel djinten
1 theelepel ketoembar
1 eetlepel bruine suiker of 2 theelepels Javaanse suiker
2 tenen knoflook uit de knijper

Was de aubergines, verwijder de stelen en snijd ze in dunne plakken. Leg deze in een vergiet, bestrooi ze met zout en laat ze een half uurtje uitlekken.
Maak de ui schoon, snipper hem en fruit hem met het knoflook in twee eetlepels olie aan.
Meng er vervolgens de sambal door en de pindakaas. Verdun de saus met een half kopje water, giet er dan de kruidenazijn bij en voeg djinten, ketoembar en suiker toe. Eventueel kunt u nog een acheutje ketjap bij de saus doen. Laat onder goed roeren even pruttelen, tot een gebonden saus ontstaat. Verdun desgewenst met nog wat water. Bak de plakken aubergines in hete olie snel aan weerskanten bruin. Leg ze dakpansgewijs op een voorverwarmde schaal en giet de saus erover.

Gado-gado

300 gram spitskool
200 gram sperziebonen
150 gram taugé
1 kleine komkommer
$^1/_2$ pot pindakaas
$^1/_8$ blok santen
2 tenen knoflook, geperst
2 uien
$^1/_2$ deciliter azijn
3 theelepels sambal oelek
6 eetlepels fijngehakte bladselderij
4 hardgekookte eieren

Maak de kool schoon en snijd hem fijn. Haal de bonen af en breek ze in stukken. Was de groenten.
Schil de komkommer en snijd deze in plakken.
Kook de kool en de sperziebonen beetgaar. Ze moeten echt nog knapperig zijn.
Blancheer de taugé even in kokend water.
Maak de ui schoon en fruit deze samen met het knoflook in wat olie. Voeg de pindakaas toe en de azijn. Roer alles goed door en voeg nog een kopje water toe. Laat alles onder goed roeren aan de kook komen en smelt de santen in de saus. Breng op smaak met de sambal.
Pel de eieren en snijd ze doormidden.
Schik de groenten en de eierhelften op een schaal. Doe de saus erover.

Gevulde pepers

8 grote rode pepers
150 gram half-om-half gehakt
1 ui
3 tenen knoflook, geperst
2 aardappelen
1 ei
1 eetlepel ketjap
1/2 theelepel geraspte nootmuskaat

Kook de aardappelen in de schil, pel ze en prak ze fijn. Maak de ui schoon en snipper hem fijn. Meng het gehakt met de aardappelen, het knoflook en de ui. Roer er vervolgens de ketjap en de nootmuskaat door. Was de pepers en laat de stelen eraan zitten. Snijd ze met een puntig mes open. Verwijder de pitjes. Vul de pepers met het gehakt. Druk het gehakt goed aan en vouw de pepers dan weer zo veel mogelijk dicht. Verhit een bodem olie in een koekenpan. Leg de pepers erin en bak ze voorzichtig gaar en enigszins bruin. Wees vooral voorzichtig bij het omkeren. U kunt deze pepers als gerecht bij de rijsttafel serveren, maar ook bij de borrel smaken ze erg lekker. In dat laatste geval kunt u ze ook koud eten.

Gevulde tomaten

4 flinke tomaten
300 gram half-om-half gehakt
1 ui
2 tenen knoflook, geperst
1 eetlepel ketjap manis
2 theelepels sambal trassi
$^1/_2$ theelepel laos

Maak de ui schoon en snipper hem fijn. Wrijf ui, knoflook, sambal en laos tot een brij. Fruit deze in hete olie even aan. Voeg het gehakt toe en bak het rul. Voeg de ketjap toe en laat het mengsel op hoog vuur even doorbakken. Zet het vuur dan af. Was de tomaten, snijd er een kapje af en hol ze voorzichtig uit. Druk het vruchtvlees door een zeef en meng dit met het gehakt. Vul hiermee de tomaten. Leg de kapjes er weer op en zet de tomaten in een ingevette ovenschotel. Schuif de schotel in een op 200° of stand 5 voorverwarmde oven en laat ze tien minuten bakken.

Ambonees groentegerecht

1 aubergine
½ komkommer
100 gram taugé
100 witte kool
200 gram niet-gezouten amandelen
2 eetlepels natuurazijn
1 ui
2 tenen knoflook, geperst
2 theelepels sambal trassi
1 theelepel Javaanse suiker of 2 theelepels bruine suiker

Schil de komkommer en snijd hem in dobbelsteentjes. Was de taugé, verwijder de groene vliezen en blancheer hem door er kokend water over te gieten. Was de kool, snijd hem fijn en blancheer hem eveneens. Was de aubergine, verwijder de steel en snijd hem doormidden en vervolgens in schijven. Wrijf ui, knoflook, sambal en suiker tot een brij. Roer er de azijn door. Meng de groenten en de amandelen en giet de saus erover. Schep alles nog eens goed om.

Rijst- en miegerechten

Cor's nasi boentjies

1 pak rijst
2 uien
1 zakje nasikruiden
1 theelepel djinten
2 theelepels koenjit
2 theelepels laos
3 tenen knoflook, geperst
2 eetlepels ketjap manis
2 theelepels sambal oelek
200 gram sperziebonen
300 gram varkensvlees in kleine stukjes

Week de nasikruiden. Maak de uien schoon en snipper ze fijn. Maak de prei schoon en snipper deze ook. Maak de sperziebonen schoon en breek ze in stukjes. Bak het vlees in wat olie aan alle kanten bruin. Voeg dan de uisnippers, nasikruiden, djinten, koenjit, laos, het knoflook de sperziebonen toe. Laat alles vijf minuten doorbakken. Zet het vuur dan laag, giet de ketjap erbij en voeg de sambal toe. Giet er zonodig wat warm water bij. Laat het vlees in ongeveer een kwartier gaar worden.
Kook intussen de rijst gaar. Doe de rijst bij het vlees en bak alles op. Zorg evoor dat rijst, vlees en groenten goed gemengd zijn.

Nasi keboeli

1 kilo rijst
$1\frac{1}{2}$ liter water
1 ui
3 tenen knoflook, geperst
1 theelepel kaneelpoeder
1 theelepel kruidnagelpoeder
1 theelepel kurkuma
1 mespuntje nootmuskaat

Maak de ui schoon en snipper hem fijn. Wrijf ui, knoflook, kaneel, kruidnagel, kurkuma en nootmuskaat tot een brij. Fruit het mengsel in wat olie even aan. Voeg de gewassen rijst toe en laat deze onder goed roeren een paar minuten meebakken. Giet het water in de pan en laat de rijst op laag vuur gaar worden. Doe het deksel van de pan en laat de rijst nog vijf minuten droogstomen.

Nasi goreng ajam

1 braadkuiken
1 ui
2 tenen knoflook, geperst
4 gepofte kemirienoten
1 theelepel ketoembar
½ theelepel laos
2 theelepels sambal manis
500 gram rijst

Snijd het braadkuiken in vieren of vraag uw slager om dat voor u te doen. Maak de ui schoon en wrijf ui, knoflook, sambal, kemiries, laos, en ketoembar tot een brij. Fruit deze brij in hete olie onder goed roeren even aan. Giet er vervolgens een liter water bij, breng het geheel aan de kook en laat een paar minuten doorkoken. Voeg dan de stukken kip toe en laat deze in de bouillon gaar worden. Haal de kip uit de pan. Was de rijst, doe deze bij de bouillon en kook de rijst gaar. Fileer intussen de kip. Bak de gare rijst in hete olie op en roer de stukken kip erdoor.

Kruidige nasi

500 gram rijst
2 tenen knoflook uit de knijper
1 ui
2 theelepels geraspte verse gember of 1 theelepel gemberpoeder
2 theelepels ketoembar
1 theelepel kruidnagelpoeder
2 theelepels kurkuma
1 theelepel kaneelpoeder
1 theelepel sambal oelek
mespunt nootmuskaat
kippenbouillonblokje.

Maak de ui schoon en snipper die fijn. Fruit ui, knoflook en gember even in wat olie aan en voeg dan de rijst toe. Bak deze op. Giet zo veel water bij de rijst als op de verpakking wordt vermeld en voeg nog een kippenbouillonblokje toe.
Wrijf de sambal, ketoembar, kruidnagel, kaneel en nootmuskaat tot een brij. Roer deze brij door de rijst wanneer deze gaar is en bak de rijst in olie op.

Nasi gorih

500 gram rijst
⅛ blok santen
2 salamblaadjes
2 theelepels ketoembar

Zet de rijst op met water waaraan de santen, de salam en de ketoembar is toegevoegd. Kook de rijst gaar. Haal het deksel van de pan en laat de rijst nog even goed droogstomen.

Nasi goreng

500 gram droogkokende rijst
250 gram mager varkensvlees
3 uien
3 theelepels sambal oelek
2 theelepels ketoembar
1 theelepel djinten
1 prei
100 gram Hollandse garnalen
4 eetlepels ketjap manis
4 eieren
1 prei
100 gram ham
1 ui
2 tenen knoflook uit de knijper

Kook de rijst gaar en laat hem afkoelen. Maak de ui schoon en snipper hem.
Bak ui en knoflook in wat olie aan. Voeg de sambal, de ketoembar, en de djinten toe.
Snijd het vlees in kleine dobbelsteentjes en doe dit ook in de pan. Laat het onder steeds goed omscheppen bruin worden, voeg de ketjap toe en een kopje water, zet het vuur laag en laat het vlees op laag vuur gaar sudderen.
Maak intussen de prei schoon en snijd deze in uiterst dunne ringen.
Doe, wanneer het vlees gaar is, de rijst in gedeelten erbij en laat deze onder steeds omscheppen bakken. Voeg desgewenst nog wat extra ketjap toe.
Doe garnalen, prei en de fijngesneden ham op het laatst bij de rijst.
Bak vier spiegeleieren.
Verdeel de nasi in vier porties en leg op elke portie een spiegelei.

Nasi koening

500 gram droogkokende rijst
$^{3}/_{4}$ blok santen
1 eetlepel koenjit
1 serehstengel
1 theelepel zout

Doe de rijst in een vergiet en was hem goed.
Laat hem uitlekken en zet hem op met zo veel water dat de rijst net onder staat (of gebruik de hoeveelheid die op het pak staat aangegeven).
Voeg de santen, koenjit en het zout toe en breng het water aan de kook.
Doe er de serehstengel bij en laat de rijst gaar koken, liefst met een plaatje tussen de pan en de vlam.
Haal, wanneer de rijst gaar is, het deksel van de pan en laat de rijst, zonder vlam onder de pan, nog even droogstomen.

Bami uit Java

1 pak mie
2 preien
1 kleine Chinese kool
100 gram taugé
100 gram sperziebonen
4 tenen knoflook, geperst
2 kipfilets
1 ui
6 eetlepels ketjap manis
1 theelepel sambal oelek
sap van ½ citroen

Begin met de kipfilets in water gaar te koken. Haal ze uit de pan en gooi het kookvocht niet weg. Laat hierin de mie tien minuten weken. Snijd intussen het gare kippenvlees klein. Maak de ui schoon en snipper hem fijn. Fruit ui en knoflook in wat olie even aan en voeg het kippenvlees toe. Laat dit een paar minuten meebakken. Maak de prei en de kool schoon en hak ze fijn. Voeg deze aan het vlees toe en schep weer even om. Haal de sperziebonen af en breek ze in kleine stukjes. Laat deze ook even meebakken. Doe de ketjap erbij, het citroensap en de sambal en zet het vuur laag. Laat het geheel vijf minuten doorsudderen. Voeg dan de uitgelekte mie toe en bak deze ca. vijf minuten mee of tot ze bijna gaar is. Maak de taugé schoon, verwijder de vliezen en schep deze door de mieschotel. Laat het gerecht door en door warm worden.

Indische bami

1 pak bami
3 kipfilets
150 gram kippenlevers
1 ui
2 theelepels sambal trassi
2 tenen knoflook, geperst
2 preien
½ groene kool
3 eetlepels ketjap manis
4 takjes selderij

Snijd de kipfilets in dobbelsteentjes. Bak kipfilets en levertjes in olie bruin en gaar en houd ze apart. Week de bami vijf minuten in koud water. Maak de ui schoon en snipper hem fijn. Wrijf ui, sambal en knoflook tot een brij.
Fruit deze in wat olie even aan, zet het vuur laag en laat even doorsudderen. Voeg kipfilets en levertjes toe en laat even meebakken. Maak de preien schoon en snipper ze fijn. Maak de kool schoon en snipper die eveneens fijn.
Laat de bami goed uitlekken en voeg deze aan het kruidenmengsel toe. Doe er de groenten bij en laat alles onder goed omscheppen vijf minuten bakken. Giet er dan de ketjap bij, zet het vuur laag en laat het gerecht gaar worden. Kook de bami niet te lang, bij moet 'beetgaar' zijn, d.w.z. de tanden moeten ook nog iets te doen hebben.
Hak de selderij fijn en garneer hiermee het gerecht alvorens het te serveren.

Nasi langie

$1/10$ blok santen
1 ui
3 tenen knoflook, geperst
1 theelepel ketoembar
$1/2$ theelepel laos
$1/2$ theelepel djinten
2 theelepels sambal trassi
1 serehstengel
500 gram rijst

Breng in een rijstpan 1 liter water aan de kook en los de santen erin op. Maak de ui schoon en wrijf ui, knoflook, ketoembar, laos, djinten en sambal tot een brij. Fruit deze in wat olie even aan, laat op laag vuur onder goed roeren een paar minuten doorsudderen. Doe de kruidenbrij bij de kokende santen en voeg de serehstengel toe. Roer alles goed door en laat een paar minuten op niet te hoog vuur sudderen. Doe het vuur dan uit en laat de bouillon afkoelen. Was de rijst en doe hem in de bouillon. Kook de rijst in de bouillon gaar. Mocht de rijst te droog worden, dan kunt u nog wat water toevoegen.

Tahoe- en tempégerechten

Toemis tahoe met taugé en garnalen

½ blok tahoe
1 ui
2 tenen knoflook, geperst
2 theelepels sambal trassi
1 theelepel vloeibare tamarinde
1 theelepel laos
2 salamblaadjes
200 gram taugé
100 gram Hollandse garnalen
1 prei
1 theelepel Javaanse suiker of 2 theelepels bruine suiker

Snijd de tahoe in dobbelstenen. Verhit wat olie in een koekenpan en bak de tahoe daarin bruin.
Laat de tahoe op keukenpapier uitlekken.
Maak de ui schoon en snipper hem fijn. Wrijf ui, knoflook, sambal en laos tot een brij. Fruit deze in de achtergebleven olie even aan.
Doe er vervolgens een kopje water, de tamarinde en de salamblaadjes door en laat het geheel op niet te hoog vuur sudderen.
Maak intussen de prei schoon en snipper hem fijn. Was de taugé en verwijder de vliezen.
Doe de prei en de taugé bij de saus en roer er eveneens de suiker door. Laat nog een paar minuten doorsudderen en voeg zonodig nog wat water toe.
Voeg ten slotte de garnalen en de gebakken tahoe toe en laat het gerecht goed warm worden.

Tahoe taotjo

2 blokken taboe
1 klein blik bamboespruiten
1 prei
2 eetlepels ketjap manis
2 eetlepels gebakken uitjes (zelfgemaakt of kant-en-klaar gekocht, de laatste zijn wat pittiger)
2 eetlepels vloeibare tamarinde

Smeer de tahoe in met tamarinde en laat dit even intrekken. Snijd de tahoe in dobbelsteentjes. Maak de prei schoon en snijd hem fijn. Laat de bamboespruiten goed uitlekken. Fruit in wat olie tahoe, prei en bamboespruiten even aan. Voeg de taotjo toe en giet er de ketjap bij. Laat het gerecht een paar minuten doorbakken.

Groentetahoe

3 plakken tahoe
½ kleine witte kool
90 gram taugé
1 komkommer
1 eetlepel gefruite uitjes
2 tenen knoflook, geperst
3 lente-uitjes of sjalotjes
4 eetlepels ketjap manis
1 theelepel petis
1 eetlepel vloeibare tamarinde

Bak de tahoe op niet al te hoog vuur in hete olie bruin en gaar. Laat uitlekken op keukenpapier en snijd de tahoe in niet te dunne repen. Maak de kool schoon en snijd hem fijn. Blancheer kool en taugé afzonderlijk even in kokend water. Verwijder van de taugé de groene vliezen die boven komen drijven. Laat kool en taugé goed uitlekken. Maak een saus van ketjap, petis, tamarinde en knoflook. Schil de komkommer en snijd deze in dobbelsteentjes. Meng kool, taugé en komkommer met elkaar. Leg de tahoe op een bord of schaal. Leg daarop het groentemengsel en giet de saus eroverheen. Garneer met fijngehakte uitjes en gefruite uitjes.

Tahoe telor

2 pakken tahoe
4 eieren
4 uien
2 tenen knoflook, geperst
1 tomaat
4 eetlepels ketjap manis
1 eetlepel Javaanse suiker of 2 eetlepels bruine suiker

Snij de tahoe in blokjes. Roer de eieren los en meng deze met de tahoeblokjes. Maak de uien schoon en snipper ze fijn. Houd ongeveer een flinke eetlepel uisnippers apart en roer de rest door het tahoemengsel. Schep alles goed om.
Verhit olie in de pan en bak van het mengsel een mooie omelet. Maak intussen de saus. Fruit de achtergehouden ui en het knoflook in wat olie even aan. Ontvel de tomaat en snijd hem fijn. Voeg de stukjes tomaat bij het uimengsel en laat ze even zachtjes meebakken. Roer steeds goed, zodat de tomaat in de saus wordt opgenomen. Roer er dan de sojasaus en de suiker door en voeg desgewenst wat water toe. Breng desgewenst op smaak met peper en zout. Laat de saus even doorkoken.
Sla de omelet dubbel en leg hem op een verwarmd bord. Giet de saus erover.

Gebakken tahoe

1 blok tahoe
1 ui
1 theelepel Javaanse suiker of
2 theelepels bruine suiker
1 theelepel laos
1 theelepel sambal manis
1 eetlepel ketjap benteng
2 eetlepels vloeibare tamarinde
1 salamblaadje

Snijd de tahoe in plakken van ongeveer 1 centimeter dik.
Maak de ui schoon en snipper hem fijn. Wrijf ui, suiker, laos, sambal en tamarinde tot een brij.
Bak deze brij in wat olie even aan. Giet er vervolgens een kopje water bij en de ketjap en roer alles goed door.
Doe de plakken tahoe in deze saus en kook ze tot het water bijna geheel verdampt is. Laat de tahoe dan goed uitlekken op keukenpapier. Bak de plakken in hete olie vervolgens helemaal gaar en knapperig.

Tahoe en tempé met boontjes

½ blok tahoe
½ blok tempé
200 gram sperziebonen
1 ui
3 tenen knoflook, geperst
3 theelepels sambal trassi
1 theelepel ketoembar
½ theelepel djinten
2 theelepels kurkuma
3 salamblaadjes
5 djeroek poeroet-blaadjes
2 theelepels Javaanse suiker of
4 theelepels bruine suiker
2 theelepels vloeibare tamarinde
½ blok santen

Snijd tahoe en tempé in niet te kleine dobbelstenen. Haal de sperziebonen af en breek ze doormidden.
Maak de ui schoon en snipper hem fijn. Wrijf ui, knoflook, sambal, ketoembar, djinten en kurkuma tot een brij.
Fruit de brij een paar minuten in olie en giet er vervolgens twee koppen heet water bij. Bak in een andere pan de tahoe en de tempé in olie bruin.
Voeg de sperziebonen bij de saus en leg ook de salam- en djeroek poeroet-blaadjes erin. Laat de boontjes net gaar worden. Voeg zonodig nog wat extra water toe.
Los de santen op in de saus en doe er tenslotte de tahoe en tempé bij. Laat alles goed warm worden. Verwijder voor het serveren de salam- en djeroek poeroet-blaadjes.

Gebakken tempé 1

1 pak tempé
olie om te frituren
2 eetlepels olie
1 ui
3 tenen knoflook uit de knijper
1½ theelepel trassi
1 theelepel laos
1 eetlepel vloeibare tamarinde
1 eetlepel Javaanse suiker of
2 eetlepels bruine suiker
2 salamblaadjes
1 theelepel sambal manis

Snijd de tempé in dunne plakken en bak deze in hete frituurolie. Laat ze uitlekken op keukenpapier. Maak de ui schoon en snipper hem fijn. Verdeel de ene helft met het knoflook, trassi, laos, suiker en sambal tot een brij. Fruit deze samen met de salam in de twee eetlepels olie even aan. Doe er vervolgens de tamarinde en de suiker bij en laat nog even doorsudderen. Fruit de andere helft van de ui in nog wat olie even aan. Meng de gefrituurde tempé met de saus en roer er tenslotte de gefruite uisnippers door.

Gebakken tempé 2

½ blok tempé
vloeibare tamarinde
4 rode pepers
1 ui
4 tenen knoflook, geperst
2 blaadjes salam of laurier
½ theelepel trassi
½ theelepel laos
1 eetlepel Javaanse suiker of 2 eetlepels bruine suiker

Snijd de tempé in stukken van ongeveer ½ centimeter dik en 4 centimeter lang. Wrijf ze in met zout en tamarinde en laat dit een half uur intrekken. Frituur de stukken dan in hete olie. Laat ze uitlekken op keukenpapier.
Maak de ui schoon en snipper hem. Was de pepers, verwijder de steeltjes en hak ze fijn. Bak ui, knoflook en pepers in olie aan, samen met de verkruimelde blaadjes salam of laurier. Voeg trassi en laos toe en meng het geheel onder goed roeren.
Smelt de suiker op laag vuur in wat water. Giet dit stroopje bij het kruidenmengsel en laat het even koken. Roer door deze saus de gebakken tempéblokjes en bak deze op laag vuur droog. Keer de stukjes tempé steeds om, zodat ze aan alle kanten goed met het mengsel bedekt raken. Laat alles afkoelen.
Dit gerecht wordt als schotel bij de rijsttafel of aangeklede nasi gegeten, maar vormt ook een lekker borrelhapje.

Tahoe pedis

1 blok tahoe
1 ui
3 tenen knoflook uit de knijper
1 eetlepel sambal oelek
1 theelepel laos
1 theelepel Javaanse suiker of 2 theelepels bruine suiker
2 eetlepels tomatenpuree
4 eetlepels ketjap manis

Snijd de tahoe in dobbelsteentjes en bak die in hete olie aan alle kanten bruin.
Maak de ui schoon en snipper hem fijn. Wrijf ui, knoflook, sambal, laos en suiker tot een brij.
Fruit deze brij in hete olie even aan. Voeg de ketjap toe, een scheutje heet water en de tomatenpuree. Roer alles goed door elkaar.
Doe de dobbelsteentjes tahoe in de saus en laat ze goed warm worden.

Sajoers en soepen

Sajoer met garnalen

$\frac{1}{2}$ groene kool
200 gram sperziebonen
1 ui
3 tenen knoflook, geperst
2 theelepels sambal oelek
4 gepofte kemirienoten
1 theelepel laos
1 theelepel ketoembar
$\frac{1}{4}$ theelepel trassi
200 gram Hollandse garnalen
2 eetlepels vloeibare tamarinde
1 kippenbouillonblokje
$\frac{1}{4}$ blok santen

Maak de ui schoon en snipper hem fijn. Wrijf ui, knoflook, sambal, kemiries, laos, ketoembar en trassi tot een brij. Fruit deze in een soeppan in zeer weinig olie even aan. Laat een paar minuten zachtjes bakken en voeg er vervolgens een halve liter koud water aan toe. Breng het water aan de kook en laat een paar minuten doorkoken.
Snijd intussen de kool in reepjes en verwijder eventueel de stronk. Was de kool goed. Haal de sperziebonen af en breek ze doormidden of nog kleiner.
Voeg sperziebonen en kool bij de soep, evenals het bouillonblokje. Laat even opkoken, doe er dan de tamarinde bij en laat de groenten net gaar worden.
Roer er ten slotte de garnalen en de santen door en laat de santen smelten. Zorg ervoor dat de garnalen goed warm zijn wanneer u het gerecht serveert.

Sajoer met lever

400 gram kalfslever
500 gram spinazie
500 gram tomaten
2 tenen knoflook, geperst
1 theelepel laos
2 theelepels sambal trassi
1 theelepel Javaanse suiker of
2 theelepels bruine suiker
1 eetlepel vloeibare tamarinde

Maak de spinazie schoon en ontvel de tomaten. Snijd de tomaten in vieren. Snijd de lever in dunne reepjes. Bak de leverreepjes in wat olie even aan. Voeg de stukken tomaat toe en laat deze even meebakken. Doe er dan de spinazie bij en schep alles even om. Voeg de sambal, het knoflook, de laos, de suiker en de tamarinde toe en laat het gerecht onder goed roeren een paar minuten doorsudderen, tot de spinazie is geslonken en de lever gaar is.

Sajoer van raapstelen

750 gram raapstelen
1 ui
2 tenen knoflook uit de knijper
1 theelepel sambal trassi
1 theelepel laos
½ theelepel djinten
2 salamblaadjes
1 kippenbouillonblokje
sap van ½ citroen

Snijd de worteltjes van de raapstelen en snijd de groente vervolgens klein. Was ze enkele malen om het zand goed te verwijderen. Laat ze uitlekken.
Maak de ui schoon en snipper hem fijn.
Wrijf ui, knoflook, sambal, laos en djinten tot een brij en fruit deze in hete olie even aan.
Doe de raapstelen erbij en roer deze even om. Giet er vervolgens een kopje water bij, het citroensap en de salamblaadjes en los het bouillonblokje op in de saus. Laat even doorkoken.

Sajoer van pepers

4 rode pepers
4 groene pepers
$^1/_4$ blok tempé
$^1/_4$ blok tahoe
1 prei
1 ui
2 tenen knoflook, geperst
1 theelepel laos
$^1/_4$ theelepel trassi
3 eetlepels vloeibare tamarinde
$^1/_8$ blok santen
1 bouillonblokje

Snijd de tahoe en de tempé in dobbelsteentjes en bak deze in hete olie bruin. Laat ze goed uitlekken op keukenpapier. Was de pepers en verwijder de stelen. Snijd ze in dunne repen.
Maak de prei schoon en snijd deze in dunne ringen.
Maak de ui schoon en hak hem fijn. Wrijf ui, knoflook en trassi tot een brij. Fruit deze even aan in weinig hete olie en laat even doorbakken. Giet er vervolgens een halve liter water bij en breng het geheel aan de kook.
Doe er het bouillonblokje bij en voeg de tamarinde toe.
Laat nog een paar minuten doorkoken. Doe vervolgens de pepers, de prei en de santen bij de bouillon. Laat de santen smelten en serveer de sajoer dan direct. De bedoeling is dat de prei en de pepers nog vrij stevig zijn.

Sajoer bajem

500 gram spinazie
1 blikje maïskorrels
1 ui
1 theelepel sambal trassi
1 bouillonblokje

Breng een halve liter water aan de kook met het bouillonblokje. Maak de ui schoon, snipper hem fijn en wrijf met de sambal tot een brij. Voeg deze aan het water toe en laat alles even doorkoken. Maak de spinazie goed schoon. Doe spinazie en maïs bij de bouillon en laat het geheel vijf minuten doorkoken. Het is de bedoeling dat de spinazie nog enigszins knapperig blijft.

Balinese sajoer

500 gram sperziebonen
200 gram taugé
2 uien
3 tenen knoflook, geperst
2 gepofte kemirienoten
2 theelepels verse geraspte gember of $\frac{1}{2}$ theelepel gemberpoeder
2 salamblaadjes
1 serehstengel
$\frac{1}{8}$ blok santen

Maak de uien schoon en snipper ze fijn. Wrijf ui, knoflook, sambal, kemiries en gember tot een brij. Fruit deze in hete olie aan. Doe er een halve liter water bij, breng het geheel aan de kook en voeg de santen toe. Laat de santen in de saus oplossen. Haal de sperziebonen af en breek ze doormidden. Laat ze in de soep halfgaar worden. Maak de taugé schoon, verwijder de groene vliezen en laat deze een paar minuten meesudderen. Zorg ervoor dat de bonen net gaar zijn.

Sajoer kerrie

250 gram runderpoelet
2 uien
200 gram sperziebonen
4 kleine aardappelen
1/3 blok santen
2 tenen knoflook, geperst
2 theelepels sambal oelek
2 theelepels gemberpoeder of 4 theelepels geraspte verse gember
2 theelepels koenjit
2 theelepels ketoembar
1 theelepel djinten
1 theelepel trassi
2 salamblaadjes
2 theelepels bruine suiker of 1 theelepel Javaanse suiker
2 theelepels kerrie djawa
1 bouillonblokje

Maak de uien schoon, snijd er een van in vieren en snipper de andere. Zet het poelet op met 3/4 liter water, de in vieren gesneden ui en het bouillonblokje. Zet het vuur laag en laat het poelet een uurtje trekken. Wrijf intussen uisnippers, knoflook, sambal, gember, koenjit, ketoembar, djinten en trassi tot een brij. Fruit deze brij in een soeppan in wat boter even aan. Giet er dan de bouillon en het poelet bij. Voeg de suiker, de kerrie, en de salamblaadjes toe. Laat alles even borrelen en zet het vuur dan laag. Schil intussen de aardappelen en snijd ze in blokjes. Haal de sperziebonen af en breek ze doormidden. Doe eerst de aardappelen bij de sajoer en laat deze ca. acht minuten meekoken. Doe er dan de boontjes bij en laat deze ook in de soep gaar koken. De sajoer is klaar wanneer aardappelen en boontjes net gaar zijn.

Tumis met tahoe

1 ui
4 tenen knoflook, geperst
1 blok tahoe
100 gram taugé
100 gram peultjes
2 preien
100 gram sperziebonen
1 bouillonblokje
3 eetlepels ketjap manis

Maak de ui schoon en snipper hem fijn. Wrijf ui, knoflook en sambal tot een brij. Giet er een halve liter water bij en voeg het bouillonblokje toe. Haal de peultjes af. Maak de preien schoon en snijd ze in schijven. Haal de sperziebonen af en breek ze doormidden. Voeg de sperziebonen toe aan de bouillon en laat ze even koken. Doe vervolgens de prei en de peultjes erbij en laat deze een paar minuten meekoken. Snijd intussen de tahoe in dobbelsteentjes en bak deze in hete olie rondom aan. Maak de taugé schoon en verwijder de groene vliezen. Voeg taugé en tahoe toe aan de bouillon en maak op smaak met ketjap. Laat niet meer dan een minuut doorkoken.

Sajoer van groenten en kerrie

1 ui
2 tenen knoflook, geperst
2 theelepels sambal oelek
150 gram savooienkool
1 theelepel laos
2 theelepels verse geraspte gember of 1 theelepel gemberpoeder
2 eetlepels kerriepoeder
1 theelepel ketoembar
½ theelepel djinten
2 flinke aardappelen
100 gram worteltjes
1 serehstengel
2 djeroek poeroet-blaadjes
1 deciliter melk
1 bouillonblokje

Maak de ui schoon en snipper hem fijn. Wrijf ui, knoflook, sambal, gember, laos, kerrie, ketoembar en djinten tot een brij. Fruit deze in een scheutje hete olie even aan. Maak de kool schoon en snijd hem niet al te fijn. Schil de aardappelen en snijd ze in blokjes. Schrap de worteltjes en snijd ze in blokjes. Voeg de groenten aan de gefruite kruiden toe. Begin met de blokjes aardappel en wortel. Laat deze vijf minuten zachtjes bakken en voeg dan de kool toe. Schep alles om en giet er een halve liter water bij. Voeg het bouillonblokje toe, evenals de sereh en djeroek poeroet. Maak de sajoer vlak voor het opdienen af met melk en citroensap en serveer goed heet.

Sajoer met tahoe en tempé

½ blok tahoe
½ blok tempé
250 gram runderpoelet
¼ blok santen
3 theelepels sambal manis
1 eetlepel petis
2 tenen knoflook, geperst
2 eetlepels vloeibare tamarinde
1 klein blikje bamboespruiten
1 klein blikje jonge maïskolven (eventueel te vervangen door een blik maïskorrels)
1 bouillonblokje

Snijd de tahoe en tempé in dobbelstenen en bak deze in hete olie lichtbruin.
Zet het vlees op met ½ liter water en het bouillonblokje en breng het aan de kook.
Wrijf sambal, petis, knoflook en tamarinde samen tot een saus.
Voeg deze aan het kookwater van het vlees toe, zet het vuur laag en laat het vlees zachtjes gaar sudderen met het deksel op de pan. Laat de santen in de bouillon oplossen en roer alles nog eens goed door.
Giet maïs en bamboespruiten af en voeg deze aan de sajoer toe.
Laat alles even goed doorwarmen.

Soto madoera

500 gram runderpoelet
1 ui
3 tenen knoflook, geperst
1 theelepel koenjit
2 theelepels verse geraspte gemberwortel of 1 theelepel gemberpoeder
4 gepofte kemirienoten
1 theelepel sambal manis

Zet het vlees op met 3/4 liter water en breng het aan de kook. Zet het vuur laag en laat het vlees een uur trekken.
Maak de ui schoon en snipper hem fijn. Wrijf ui, knoflook, koenjit, gember, sambal en gepofte kemiries tot een brij. Fruit dit mengsel in wat hete olie aan en laat het een paar minuten op laag vuur sudderen.
Haal intussen het vlees uit de bouillon en snijd het fijn. Voeg het aan het sambalmengsel toe en laat het even meebakken. Voeg dit mengsel weer toe aan de bouillon, breng het geheel opnieuw aan de kook, zet het vuur laag en laat de soep nog een uurtje trekken.

Sajoer lodeh

1 kleine komkommer
100 gram sperziebonen
1 kleine bloemkool
1 courgette
½ liter kippenbouillon van een blokje
¼ blok santen
2 theelepels vloeibare tamarinde
1 ui
3 tenen knoflook, geperst
2 theelepels trassi
2 Spaanse pepers
2 theelepels laos
2 theelepels Javaanse suiker of 4 theelepels bruine suiker
1 salamblaadje
2 gepofte kemirienoten

Maak de ui schoon en snipper hem fijn. Was de pepers, verwijder de stelen en hak ze fijn. Wrijf ui, knoflook, trassi, pepers, laos, suiker en kemirienoten tot een brij. Schil de komkommer en snijd hem in schijfjes. Maak de sperziebonen schoon en breek ze in stukken. Verdeel de bloemkool in roosjes en was die goed. Was de courgette, verwijder de steel en snijd hem in schijven. Fruit de kruidenbrij in een soeppan in wat olie even aan. Doe de groenten erbij en laat deze onder goed omscheppen even bakken. Giet er dan de kippenbouillon bij en voeg de santen, de tamarinde en het salamblaadje toe. Breng het geheel even aan de kook, laat het een paar minuten doorkoken, zet het vuur dan laag, voeg de suiker toe en laat alles nog vijf minuten pruttelen.

Sajoer van aubergines

2 aubergines
1 theelepel ketoembar
3 gepofte kemirienoten
1 theelepel kurkuma
4 Spaaase pepers
1 ui
2 tenen knoflook, geperst
2 eetlepels gemberpoeder of 4 theelepels verse geraspte gember
100 gram runderpoelet
100 gram kipfilet aan dobbelstenen
1 theelepel laos
sap van $1/2$ citroen
$1/8$ blok santen

Maak de ui schoon en snipper hem fijn. Was de pepers, verwijder de steeltjes en hak ze fijn.
Wrijf ui, knoflook, ketoembar, kemiries, kurkuma, pepers, gember en laos tot een brij.
Fruit deze in wat olie in een soeppan even aan.
Giet er een halve liter water bij en doe het vlees in de pan. Breng het water aan de kook, zet het vuur dan laag en laat de soep een uurtje trekken.
Was intussen de aubergines, verwijder de stelen en snijd ze in plakken.
Voeg na het uur trekken de santen aan de sajoer toe en laat deze oplossen. Doe er dan de aubergines en het citroensap bij, roer alles goed door en laat de sajoer zonder deksel even doorkoken, tot de aubergines gaar zijn.

Sajoer asem

200 gram runderpoelet
1 ui
1 teen knoflook, geperst
3 theelepels sambal trassi
2 salamblaadjes
1 theelepel laos
200 gram sperziebonen
½ spitskool
200 gram spinazie
3 eetlepels vloeibare tamarinde
1 eetlepel Javaanse suiker of 2 eetlepels bruine suiker

Zet het poelet op met een halve liter water. Breng het water aan de kook, zet het vuur laag en laat het poelet twee uur trekken. Maak intussen de ui schoon en snipper hem fijn. Wrijf ui, knoflook, sambal en laos tot een brij en roer deze door de bouillon. Voeg de salamblaadjes toe. Laat tien minuten heel zacht koken. Haal intussen de sperziebonen af en breek ze doormidden. Laat ze vijf minuten meekoken.
Maak intussen de kool schoon en hak hem fijn. Was de spinazie goed. Voeg kool en spinazie bij de sajoer en roer er ten slotte de tamarinde en de suiker door. Laat alles nog tien minuten sudderen.

Sajoer van groenten

stuk soepkip
½ liter water
4 aardappelen
100 gram snijbonen
½ kleine bloemkool
2 uien
4 groene pepers
1 theelepel ketoembar
1 theelepel djinten
1 theelepel koenjit
¼ blok santen
4 blaadjes djeroek poeroet
1 blaadje salam of laurier

Trek van de kip in het water een bouillon.
Schil de aardappelen. Maak de bonen schoon en snijd ze in ruitjes. Was de bloemkool en verdeel die in roosjes. Maak de uien schoon en snijd ze in ringen. Was de pepers, verwijder de steeltjes en snijd ze in stukjes. Snijd de aardappelen in dobbelstenen. Verhit olie in een soeppan en fruit hierin de ui, aardappelen, bonen, bloemkool en pepers aan. Schep nu en dan om. Zet het vuur laag en laat even doorbakken. Voeg dan de ketoembar, djinten en koenjit toe. Giet de warme bouillon erbij en smelt de santen in het mengsel. Doe de djeroek poeroet erbij en het blaadje salam of laurier. Laat alles ongeveer tien minuten zachtjes koken tot de groenten net gaar zijn. Ze moeten nog wat stevig blijven.

Sajoer boemboe tjemplung

500 gram witte kool
500 gram sperziebonen
2 rode pepers
1 groene peper
2 aardappelen
1 aubergine
2 theelepels laos
1 ui
4 tenen knoflook, geperst
2 theelepels sambal trassi
1 kippenbouillonblokje

Breng 3/4 liter water aan de kook met het bouillonblokje. Maak de kool schoon en snijd hem grof. Haal de sperziebonen af en breek ze doormidden. Was de pepers, verwijder de steeltjes en snijd ze in dunne repen. Was de aubergine, verwijder de steel en snijd hem in blokjes. Schil de aardappelen en snijd deze eveneens in blokjes. Maak de ui schoon en snipper hem. Wrijf ui, knoflook en sambal tot een brij. Fruit deze in hete olie even aan. Roer de kruidenbrij door de bouillon. Voeg de groenten toe aan de bouillon en laat ze daarin gaar worden.

Sajoer bening

400 gram kipfilets
200 gram spinazie
2 sjalotjes
klein blik maïskorrels
1 eetlepel geraspte gemberwortel of ½ eetlepel gemberpoeder
1 theelepel laos
1 eetlepel bruine suiker of ½ eetlepel Javaanse suiker

Snijd de kipfilets aan stukken en zet deze op met ½ liter water en breng dat aan de kook.
Was de spinazie. Maak de sjalotjes schoon en snijd ze in stukken.
Voeg gember, laos en bruine suiker aan de kip toe en laat de stukken in ongeveer een halfuur gaar worden. Voeg dan de spinazie toe en laat deze even slinken. Roer er ten slotte de uitgelekte maïskorrels door.

Garnalensoep

100 gram varkenspoelet
100 gram zeer dunne mie of vermicelli
5 sjalotten
2 tenen knoflook, geperst
200 gram garnalen
¼ blok santen
1 theelepel koenjit
1 theelepel ketoembar
75 gram taugé
1 blok tahoe
2 theelepels sambal badjak

Breng in een grote pan een halve liter water aan de kook. Doe het poelet erbij, zet het vuur laag en laat het vlees drie kwartier trekken.
Maak de sjalotten schoon en snipper ze fijn. Bak de sjalotten samen met het knoflook en de sambal even op en voeg er vervolgens de koenjit en de ketoembar aan toe. Roer alles goed door elkaar.
Was de garnalen en laat ze goed uitlekken. Doe ze bij het ui-sambalmengsel en bak ze even aan. Doe alles dan bij het vlees in de pan, breng het geheel tot bijna het kookpunt en laat de santen in de bouillon smelten.
Snijd de tahoe in kleine dobbelstenen en was de taugé. Verwijder de groene vliezen daarvan. Voeg taugé, tahoe en mie toe aan de soep en laat deze nog vijf minuten heel zachtjes pruttelen.

Sajoer van bamboescheuten

300 gram kippenpoelet
1 klein blik bamboescheuten
1 ui
2 tenen knoflook, geperst
2 theelepels sambal badjak
4 gepofte kemirienoten
½ theelepel laos
1 theelepel ketoembar
2 eetlepels vloeibare tamarinde
⅛ blok santen

Maak de ui schoon en snipper hem fijn. Wrijf ui, knoflook, sambal, kemiries, laos en ketoembar tot een brij.
Fruit deze in een soeppan in weinig olie aan. Laat even doorsudderen en giet er dan een halve liter water bij. Doe het kippenpoelet in de pan, breng het geheel aan de kook, zet het vuur vervolgens laag en laat de kip in een uurtje gaar worden. Haal de kip dan uit de pan en fileer hem. Laat de bamboescheuten uitlekken en snijd ze in reepjes. Voeg de bamboe en de kip bij de bouillon, doe de tamarinde erbij en laat het geheel vijf minuten zachtjes koken.
Smelt ten slotte de santen in de bouillon.

Sajoer koening

250 gram runderpoelet
200 gram sperziebonen
3 Spaanse pepers
1 ui
2 tenen knoflook, geperst
1 theelepel sambal oelek
1 theelepel laos
1 theelepel ketoembar
1 theelepel koenjit
mespunt trassi
1 serehstengel
5 eetlepels ketjap manis
2 eetlepels vloeibare tamarinde
1 bouillonblokje
⅛ blok santen

Maak de ui schoon en snipper hem fijn. Wrijf ui, knoflook, sambal, laos, ketoembar, koenjit en trassi tot een brij. Fruit deze in een soeppan in olie even aan.
Giet er een halve liter water bij, breng het geheel aan de kook en voeg het poelet toe.
Doe ook het bouillonblokje en de serehstengel erbij en laat het vlees op laag vuur gaar worden.
Haal intussen de bonen af en breek ze doormidden of in nog kleinere stukjes. Was de pepers, verwijder de steeltjes en snijd ze in schijfjes. Voeg wanneer het vlees gaar is de groenten toe en roer de tamarinde en de ketjap door de bouillon. Laat ten slotte de santen in de bouillon smelten.

Sajoer van taugé

200 gram taugé
2 uien
2 tenen knoflook, geperst
2 theelepels sambal trassi
½ theelepel laos
½ theelepel djinten
1 eetlepel vloeibare tamarinde
¼ blok santen
100 gram Hollandse garnalen
1 kippenbouillonblokje

Breng het water met het bouillonblokje aan de kook. Maak de ui schoon en snipper hem fijn. Wrijf ui, knoflook, sambal, laos en djinten tot een brij.
Roer de tamarinde erdoor.
Fruit de brij in wat hete olie even aan en voeg hem dan aan de bouillon toe. Laat zo'n tien minuten sudderen.
Maak intussen de taugé schoon en verwijder de groene vliezen. Doe de taugé bij de soep en laat een minuut doorkoken. Zet dan het vuur af en roer er de van tevoren gewassen en goed uitgelekte garnalen door.

Sambals

De basissambals:

Sambal oelek

10 Spaanse pepers
1 theelepel zout

Was de pepers en verwijder de steeltjes. Hak ze fijn en wrijf ze vervolgens met het zout tot een brij. Dit kan ook in de keukenmachine. In dat geval hoeft u de pepers niet eerst fijn te hakken.

Sambal trassi

10 Spaanse pepers
mespunt zout
1 theelepel trassi

Dezelfde bereiding als de sambal oelek, alleen wrijft u nu de trassi mee.

Sambal manis

10 Spaanse pepers
1 theelepel vloeibare tamarinde
1 theelepel Javaanse suiker of 1 theelepel bruine suiker
1 eetlepel ketjap manis

Dezelfde bereiding als de sambal oelek, alleen wrijft u nu de suiker, ketjap en tamarinde mee.

Sambal badjak

6 Spaanse pepers
1 grote ui
6 tenen knoflook, geperst
8 gepofte kemirienoten
½ theelepel laos
1 theelepel trassi
6 eetlepels azijn of 6 eetlepels tamarindevocht
2 eetlepels Javaanse suiker of 2 eetlepels bruine suiker
4 eetlepels ketjap manis

Was de pepers, verwijder de stelen en hak ze fijn. Maak de ui schoon en snipper hem. Stamp pepers, ui, knoflook en kemirienoten fijn of hak ze in de keukenmachine.
Verhit een scheutje olie. Voeg het mengsel toe en fruit het even aan. Doe de laos, trassi en suiker erbij en laat alles vijf minuten zachtjes bakken. Blijf daarbij steeds goed roeren. Voeg dan het tamarindevocht en de ketjap toe en breng alles weer even aan de kook. Laat onder goed roeren even doorkoken. Laat de sambal afkoelen en doe hem dan in een potje.
In de koelkast kan deze sambal wekenlang worden bewaard.

Sambal brandal

10 Spaanse pepers
6 gepofte kemirienoten
1 theelepel trassi
1 theelepel Javaanse suiker of 2 theelepels bruine suiker
3 eetlepels vloeibare tamarinde
1 citroenschilletje
1 ui

Was de pepers en verwijder de steeltjes. Hak ze fijn. Maak de ui schoon en snipper die fijn. Zorg ervoor dat het citroenschilletje dun afgesneden is en dat er geen wit meer aan zit. Wrijf pepers, kemiries, ui, suiker en trassi tot een brij. Fruit deze in wat olie even aan, roer er dan de tamarinde doorheen en laat de sambal op laag vuur nog een paar minuten doorsudderen. Doe hem over in een schone, goed afsluitbare jampot. Deze sambal kan in de koelkast weken worden bewaard.

Sambal met rauwe sjalotten

10 Spaanse pepers
10 sjalotten
2 theelepels trassi
1 theelepel koenjit
1 eetlepel ketjap manis

Was de pepers en verwijder de steeltjes. Hak de pepers fijn. Wrijf pepers, trassi en koenjit tot een brij. Fruit deze in wat hete olie even aan en voeg de ketjap toe. Laat een paar minuten doorsudderen. Maak de sjalotten schoon en hak ze grof. Haal de pan van het vuur en meng de sjalotten door de pepers.

Sambal djeroek

10 Spaanse pepers
1/4 theelepel trassi
2 djeroek poeroet-blaadjes
1/2 theelepel sinaasappelschil
1 ui

Was de pepers, verwijder de steeltjes en hak ze fijn.
Maak de ui schoon en snipper hem fijn. Wrijf ui, pepers en trassi tot een brij. Fruit deze in wat olie even aan. Doe de djeroek poeroet-blaadjes erbij en laat op laag vuur een paar minuten doorsudderen. Snipper de sinaasappelschil, waaraan geen wit mag zitten, heel fijn en roer deze door de sambal heen. Laat nog een halve minuut meesudderen en verwijder dan de djeroek poeroet. Doe de sambal over in een glazen pot.

Sambal met pindakaas

10 rode pepers
2 tenen knoflook uit de knijper
1 ui
1 eetlepel ketjap manis
2 eetlepels pindakaas

Was de pepers en verwijder de stelen. Hak de pepers fijn. Maak de ui schoon en snipper hem fijn. Wrijf ui, knoflook en pepers tot een brij. Fruit deze in olie even aan. Giet er dan de ketjap bij en laat deze even meesudderen. Haal de pan van het vuur en roer er de pindakaas door. Deze sambal is erg geschikt om op een omelet te smeren. U krijgt dan een lekker pittig hapje, dat u bij de rijsttafel en als borrelhapje kunt serveren.

Sambal petis

10 rode pepers
3 eetlepels petis
1 uien
4 tenen knoflook, geperst
1 theelepel kurkuma
3 blaadjes djeroek poeroet

Maak de uien schoon en snipper ze fijn. Was de pepers en verwijder de steeltjes. Hak de pepers fijn. Wrijf ui, knoflook, pepers en kurkuma tot een brij. Fruit deze in wat olie even aan. Giet er een kopje water bij en doe de djeroek poeroet eveneens in de pan. Laat zo een paar minuten sudderen. Roer er dan de petis door en laat nog een paar minuten doorsudderen. Roer goed en zorg ervoor dat alles goed gemengd is. Doe de sambal over in een glazen pot.

Sambal taotjo

10 Spaanse pepers
1 ui
3 tenen knoflook, geperst
¼ theelepel trassi
1 theelepel Javaanse suiker of
¼ theelepel bruine suiker
4 eetlepels taotjo
2 eetlepels vloeibare tamarinde
1 serehstengel

Maak de ui schoon en snipper hem fijn. Was de pepers, verwijder de steeltjes en hak ze fijn. Wrijf ui, pepers, knoflook, trassi en suiker tot een brij. Fruit deze in wat olie even aan. Voeg de taotjo toe en een kopje lauw water. Roer alles goed door tot een dikke saus ontstaat. Doe de tamarinde en de sereh erbij en laat alles nog een paar minuten doorsudderen. Laat de sambal goed afkoelen. In een glazen pot in de koelkast kan deze sambal een paar weken worden bewaard.

Sambaltartaar

200 gram tartaar
2 uien
2 tenen knoflook uit de knijper
3 theelepels sambal oelek
2 theelepels sambal trassi
1 theelepel Javaanse suiker of
2 theelepels bruine suiker
1 serehstengel
2 eetlepels vloeibare tamarinde
$^1/_{10}$ blok santen

Maak de uien schoon en snipper ze fijn. Wrijf ui, knoflook, sambal oelek, sambal trassi en suiker tot een brij. Fruit deze in wat olie even aan.
Meng er vervolgens de tamarinde door en doe de serehstengel erbij.
Voeg de tartaar toe en laat deze meebakken. Roer het mengsel steeds goed om, zodat de tartaar rul wordt. Voeg 2 eetlepels water toe en los de santen in de sambal onder goed roeren op. Serveer dit gerecht als sambal.

Sambalgehakt

4 ons half-om-half gehakt
1 ui
2 tenen knoflook, geperst
2 eetlepels sambal oelek
1 eetlepel zoute ketjap

Maak de ui schoon en snipper hem fijn. Fruit ui en knoflook in wat hete olie even aan. Voeg het gehakt toe en bak dit onder voortdurend roeren rul. Voeg dan de sambal toe en roer dit goed door de gehaktmassa. Laat even doorbakken en giet er dan de ketjap bij. Laat dit alles op zacht vuur ongeveer een kwartier pruttelen. Serveer dit sambalgehakt als sambal.

Gestoomd sambaltaartje

6 rode Spaanse pepers
3 groene Spaanse pepers
1 ui
2 tenen knoflook, geperst
1 eetlepel ansjovispasta
mespunt trassi
3 tomaten

Maak de ui schoon en snipper hem fijn. Was de pepers, verwijder de steeltjes en hak ze fijn. Fruit ui, knoflook en pepers in wat olie zachtjes aan. Ontvel intussen de tomaten en snijd ze in kleine blokjes. Voeg ze toe aan het pepermengsel en laat het geheel tien minuten zachtjes sudderen.
Doe alles vervolgens over in een mengbeker en voeg trassi en ansjovispasta toe. Wrijf het geheel tot een brij. Doe deze over in een kleine kom en verwarm het geheel au bain marie tot het een stevige massa is geworden. Laat in de vorm afkoelen en stort het taartje vervolgens op een bord.

Sambal van gedroogde garnalen

4 eetlepels gestampte ebi
(dit zijn gedroogde garnaaltjes, die kant en klaar bij de toko te koop zijn)
1 theelepel kentjoer
2 theelepels sambal trassi
½ eetlepel Javaanse suiker of 1 eetlepel bruine suiker
3 blaadjes djeroek poeroet

Wrijf sambal, kentjoer, djeroek poeroet-blaadjes en suiker tot een brij. Roer er de fijngestampte garnaaltjes door en meng alles goed.

Verhit de olie. Doe het vuur onder de pan uit en roer de massa door de hete olie. Zet een plaatje onder de pan, steek het vuur weer aan en laat de sambal onder goed roeren twee minuten zachtjes pruttelen. Laat de sambal afkoelen.

In een goed gesloten jampot in de koelkast kunt u deze sambal zeker een paar weken bewaren.

Sambal goreng van tomaat

5 tomaten
2 theelepels sambal oelek
1 ui
2 tenen knoflook, geperst
1 eetlepel vloeibare tamarinde
1 theelepel Javaanse suiker of
2 theelepels bruine suiker

Ontvel de tomaten en snijd ze in stukken. Maak de ui schoon en snipper hem fijn. Wrijf ui, knoflook, sambal en suiker tot een brij en fruit deze in olie even aan. Voeg de tomaten toe en bak ze op hoog vuur even mee. Zet het vuur dan laag en laat de tomaten zachtjes koken tot het gerecht een dikke massa is geworden.

Sauzen

Ketjapsaus met gebakken tempé

¼ plak tempé
6 eetlepels ketjap manis
sap van 1 citroen
1 theelepel sambal trassi
1 theelepel koenjit
½ eetlepel Javaanse suiker of
1 eetlepel bruine suiker

Snijd de tempé in dobbelsteentjes. Bak deze in hete olie aan alle kanten bruin. Wrijf de tempé fijn met de sambal en de koenjit. Maak een sausje van ketjap, suiker en citroensap. Klop alles goed door, zodat de suiker helemaal in de saus smelt. Meng de tempé met de saus en roer alles nog even goed door. Zorg ervoor dat het sausje goed gemengd is. Erg lekker bij allerlei soorten saté, maar ook bij gebakken of gekookte groentegerechten.

Eenvoudige pindasaus

½ pot pindakaas
2 tenen knoflook, geperst
1 theelepel sambal oelek
2 theelepels Javaanse suiker of 4 theelepels bruine suiker
sap van ½ citroen
1 mespuntje trassi
2 kopjes water

Doe de pindakaas met de kopjes water in een pannetje en breng dit mengsel onder goed roeren langzaam tot bijna aan het kookpunt. Neem de pan dan van het vuur en voeg het knoflook, de sambal, suiker, het citroensap en de trassi toe. Voeg, indien de saus te dik mocht zijn, nog wat water toe. Roer er de ketjap door en zet het pannetje nog een paar minuten op uiterst laag vuur. Roer goed, zodat alle ingrediënten zich geheel kunnen mengen.

Ketjapsaus

8 eetlepels ketjap manis
1 theelepel Javaanse suiker of
2 theelepels bruine suiker
4 eetlepels olie
4 eetlepels vloeibare tamarinde
3 sjalotten
2 tenen knoflook, geperst
1 theelepel sambal oelek

Maak de sjalotten schoon. Wrijf sjalotten, knoflook, sambal en suiker tot een brij. Verwarm de olie op laag vuur. Het is niet de bedoeling dat er damp vanaf komt. Giet de olie bij de brij en roer alles goed door elkaar. Voeg er dan de ketjap aan toe en roer er ten slotte de tamarinde door. Laat de saus afkoelen. Deze saus smaakt erg goed bij kip- en geitenvleessatés.

Satésaus uit Bandung

1 pot pindakaas
3 eetlepels bloem
1 ui
100 gram roomboter
4 eetlepels ketjap manis
1/4 liter bouillon van een blokje
blikje tomatenpuree
3 theelepels sambal manis
4 eetlepels gembersap

Maak de ui schoon en snipper hem fijn. Smelt de boter en fruit de ui hierin aan. Voeg de bloem toe en roer goed tot deze met de boter en ui gemengd is. Schenk er onder goed roeren geleidelijk de bouillon bij. Roer hierdoor de inhoud van het potje pindakaas. Giet de ketjap erbij en blijf roeren tot een dikke saus ontstaat. Wordt de saus te dik, dan giet u er een kopje warm water bij. Roer er ten slotte de tomatenpuree en het gembersap bij

Pinda-chutney

150 gram ongezouten pinda's
250 gram ontpitte dadels
5 tenen knoflook uit de knijper
1 eetlepel geraspte verse gemberwortel of 2 theelepels gemberpoeder
3 theelepels sambal manis
75 gram Javaanse suiker of 150 gram bruine suiker
2 deciliter kruidenazijn
2 eetlepels gembersiroop

Sla de pinda's, de dadels en het knoflook in de keukenmachine tot een brij. Voeg de gember, de sambal en de suiker toe en meng alles goed. Verwarm de azijn, voeg het pindamengsel toe, breng het geheel aan de kook, zet het vuur laag en laat alles zo'n vijf minuten zachtjes pruttelen. Giet er dan de gembersiroop bij en laat alles nog een paar minuten doorkoken. Laat de saus koud worden en bewaar hem een paar dagen in de koelkast alvorens hem te gebruiken.

Petissaus

1 eetlepel petis oedang
½ ui
1 teen knoflook, geperst
1 theelepel sambal trassi
1 eetlepel vloeibare tamarinde
1 eetlepel ketjap manis

Maak de ui schoon en snipper hem fijn. Wrijf ui, knoflook en sambal tot een brij. Roer er vervolgens de ketjap en de tamarinde doorheen. Voeg tenslotte de petis toe en roer alles energiek door elkaar, zodat een goed gemengde saus ontstaat. Deze saus past goed bij diverse soorten gebakken vis, maar ook bij groentegerechten.

Ketjapsaus met gebakken kokos

2 deciliter ketjap manis
1 theelepel sambal oelek
¼ theelepel trassi
1 eetlepel Javaanse suiker of
2 eetlepels bruine suiker
sap van 1 citroen
3 eetlepels gemalen kokos

Roer een sausje van de ketjap, de sambal, de trassi, de suiker en het citroensap. Klop alles energiek, zodat de suiker goed in de saus wordt opgenomen en geen klontjes meer vormt. Doe de kokos zonder vet in een koekenpan en bak hem onder goed roeren bruin. Roer de kokos door de saus. Deze saus smaakt heerlijk bij kip- of varkensvleessatés.

Petjilsaus

1 pot pindakaas
½ blok santen
3 eetlepels sambal oelek
1 ui
3 tenen knoflook, geperst
2 eetlepels vloeibare tamarinde
2 theelepels verse geraspte gember of 1 theelepel gemberpoeder

Maak de ui schoon en snipper hem fijn. Wrijf ui, knoflook, sambal en gember tot een brij. Fruit deze in hete olie even aan. Giet er vervolgens 3 koppen heet water bij en laat de santen smelten in de saus. Roer er dan de pindakaas en de tamarinde door. Het is de bedoeling dat u een vrij dikke saus krijgt. Wordt de saus echter te compact, dan kunt u nog wat extra water toevoegen.

Tomatengembersaus

1 ui
3 tenen knoflook, geperst
3 eetlepels tomatenketchup
3 eetlepels ketjap manis
4 eetlepels gembersiroop (kant-en-klaar in flesjes te koop)
1 deciliter azijn

Maak de ui schoon en snipper hem fijn. Wrijf ui en knoflook tot een brij en fruit deze in hete olie even aan. Voeg de tomatenketchup, de ketjap en de gembersiroop toe en laat het geheel onder goed roeren even pruttelen. Giet er dan de azijn bij. Liefhebbers van een scherpe saus kunnen nog wat sambal manis toevoegen. Deze saus is vooral erg lekker bij pangsit, maar smaakt ook uitstekend bij geroosterd of gebakken vlees.

Tomatenketjapsaus

3 tomaten
1 ui
3 tenen knoflook, geperst
2 theelepels sambal oelek
1 theelepel laos
5 eetlepels ketjap manis
1 serehstengel
2 eetlepels azijn

Ontvel de tomaten. Maak de ui schoon en snipper hem fijn. Wrijf tomaten, ui, knoflook, sambal en laos tot een brij. Fruit deze in hete olie aan en laat onder goed roeren een paar minuten doorkoken. Voeg er dan de ketjap en de azijn aan toe en leg de serehstengel erin. Laat de saus op niet te hoog vuur even door-pruttelen. Deze saus smaakt erg lekker bij gebakken of geroos-terde vis, maar kan ook bij vlees worden geserveerd.

Zuren en bijgerechten

Atjar

1 bloemkool
12 sjalotten
1 rode paprika
1 gele paprika
1 groene paprika
2 rode pepers
2 eetlepels verse geraspte gember of 2 eetlepels gemberpoeder
1 fles natuurazijn
$1\frac{1}{2}$ eetlepel Javaanse suiker of 3 eetlepels bruine suiker

Snijd de bloemkool in roosjes en was deze goed. Pel de sjalotten en snijd grote exemplaren doormidden. Maak de paprika's en de pepers schoon en snijd ze klein. Breng de azijn aan de kook met de gember en de suiker. Doe als eerste de bloemkoolroosjes erbij en laat deze een minuut koken. Voeg vervolgens de sjalotten toe en laat deze ook een minuut koken. Doe ten slotte de pepers en de paprika erbij en laat het geheel nog een minuut meekoken. Laat het gerecht vervolgens afkoelen en zet het een paar dagen in de koelkast.

Atjar van rode uien

½ pond rode uien
3 deciliter azijn
1 deciliter water
2 theelepels Javaanse suiker of
4 theelepels bruine suiker
1 theelepel sambal manis

Maak de uien schoon. Snijd grote exemplaren doormidden. Het best kunt u voor dit gerecht echter zo klein mogelijke uien gebruiken.
Meng azijn, water, suiker en sambal door elkaar.
Breng het mengsel aan de kook en laat het vijf minuten doorkoken.
Doe de uien erbij, laat nog een minuut verder koken en giet het geheel dan in een schaal of pot. Laat afkoelen en zet vervolgens nog minimaal een dag, maar nog beter enkele dagen, in de koelkast.

Atjar van komkommers

2 niet te grote komkommers
1 ui
2 tenen knoflook, geperst
2 theelepels sambal manis
4 gepofte kemiries
3 theelepels koenjit
4 theelepels verse geraspte gember of 2 theelepels gemberpoeder
½ fles natuurazijn

Borstel de komkommers goed schoon. Schil ze niet, maar snijd ze ongeschild doormidden. Verwijder de zaadjes en snijd elke helft in partjes. Leg deze in een vergiet, bestrooi ze met zout en laat ze een paar uur uitlekken.

Maak de ui schoon en snijd hem fijn. Wrijf ui, knoflook, sambal, kemiries, koenjit en gember tot een brij. Bak deze in wat olie even op.

Giet de azijn erop en laat de saus onder goed roeren een paar minuten doorkoken.

Dep de stukken komkommer droog, doe ze in een schaal of pot (indien u de atjar langer wilt bewaren) en giet de azijn erover.

Laat afkoelen en vervolgens in de koelkast nog een paar uur intrekken alvorens u de atjar serveert.

Atjar met mosterd

250 gram wortelen
250 gram sperziebonen
1 bloemkool
1 komkommer
1 fles azijn
1 ui
3 tenen knoflook, geperst
1 theelepel verse geraspte gember of 2 theelepels gemberpoeder
1 eetlepel pittige mosterd
½ eetlepel Javaanse suiker of 1 eetlepel bruine suiker
1 theelepel sambal manis

Maak de ui schoon. Wrijf ui, knoflook, gember, suiker en sambal tot een brij.
Fruit deze in een scheutje olie even aan. Voeg de azijn toe en laat het geheel een paar minuten doorkoken.
Schrap intussen de wortelen en snijd ze in schijfjes. Haal ze af en breek ze in stukken. Snijd de bloemkool in roosjes en was deze goed.
Doe de groenten bij de azijn en laat een paar minuten op niet te hoog vuur sudderen. Zet het vuur dan af en laat de groenten in de saus afkoelen. Doe de atjar over in een schaal of pot en laat de groenten een paar dagen in de koelkast staan alvorens te serveren.

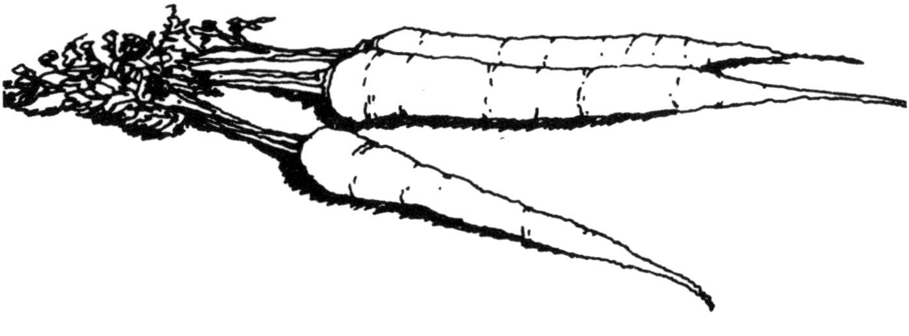

Atjar van biet

1 kilo gekookte bieten
1 fles natuurazijn
1 ui
2 eetlepels sambal manis
1 theelepel kurkuma
1 theelepel gemalen kruidnagelen
½ theelepel kaneelpoeder
4 salamblaadjes
3 theelepels verse geraspte gemberwortel of 1 ½ theelepel gemberpoeder

Maak de ui schoon en snipper hem fijn. Wrijf ui, sambal, kurkuma, gember en kaneel tot een brij.
Fruit deze in wat olie even aan.
Giet de azijn erbij en laat de saus vijf minuten doorkoken. Stroop intussen de bietjes en snijd ze in blokjes.
Doe de bieten in een schaal of een pot en giet de azijn erover. Laat afkoelen en vervolgens minimaal enkele uren trekken in de koelkast. Nog lekkerder worden de bietjes als u ze een paar dagen laat staan voordat u ze gaat eten.

Atjar tjampoer

1 liter azijn
1 eetlepel Javaanse suiker of 2 eetlepels bruine suiker
3 theelepels ketoembar
1 theelepel sambal oelek
1 theelepel laos
2 theelepels gemberpoeder of 4 theelepels geraspte verse gember

1 bloemkool
250 gram sperziebonen
250 gram worteltjes
1 ui
1 komkommer
250 gram gesneden kool

Snijd de bloemkool in roosjes en was deze goed. Blancheer ze in kokend water een paar minuten. Haal de sperziebonen af en was ze. Kook deze een paar minuten in kokend water tot ze bijna gaar zijn.

Was of schrap de worteltjes en snijd ze in dunne schijfjes. Schil de komkommer, halveer hem en verwijder de zaadjes. Snijd de helften in dunne plakken.

Was de kool goed.

Breng de azijn met de suiker, de ketoembar, de sambal, de laos en de gember aan de kook in een grote koekenpan of in een wok. Voeg de groenten toe en laat deze een paar minuten meekoken. Roer de groente daarbij steeds goed om. Doe de atjar in een goed afsluitbare schaal, giet de kruidenazijn erover en laat het zuur een paar dagen staan alvorens te serveren. Schep het daarbij een paar keer goed om.

Atjar van tomaten

500 gram tomaten
sap van 1 citroen
½ ui
2 tenen knoflook, geperst
½ theelepel sambal oelek
1 eetlepel ketjap manis

Snipper de schoongemaakte ui fijn. Wrijf ui, knoflook en sambal tot een brij. Giet hier het citroensap en de ketjap bij. Klop alles goed door elkaar. Was de tomaten en snijd ze in dunne plakken. Giet de saus over de tomaten en laat ze zo'n zes uur trekken alvorens ze te serveren.

Atjar van varkensvlees

300 gram varkensfricandeau
2 uien
2 tenen knoflook uit de knijper
1 theelepel koenjit
2 theelepels verse geraspte gember of 1 theelepel gemberpoeder
½ fles azijn
1 eetlepel mosterd
2 eetlepels Javaanse suiker of 4 eetlepels bruine suiker

Maak de uien schoon en snipper ze fijn. Wrijf uien, knoflook, koenjit, gember en sambal tot een brij. Fruit deze in hete olie even aan. Giet de azijn erbij en voeg mosterd en suiker toe. Laat op niet te hoog vuur een vijf minuten doorsudderen. Snijd het vlees in kleine stukjes en bak het in hete olie aan. Leg het vlees in een schaal of pot. Giet de azijn erover en laat deze afkoelen. Zet het vlees dan nog minimaal zes uur in de koelkast. Het vlees blijft zo zeker een week goed.

Kokos met pinda's

2 zakjes geraspte kokos
200 gram gepelde pinda's
2 sjalotten
1 teen knoflook, geperst
2 theelepels ketoembar
1 theelepel djinten
1 eetlepel Javaanse suiker of
2 eetlepels bruine suiker

Doe de kokos zonder vet in een koekenpan en laat hem onder goed roeren kleuren. Voeg de pinda's toe en bak die een paar minuten mee. Maak de sjalotten schoon en hak ze fijn. Voeg de kokos en pinda's toe, het knoflook, de ketoembar, de djinten en de suiker. Laat alles een paar minuten bakken, terwijl u steeds goed roert om aanbranden te voorkomen. U kunt dit bijgerecht direct serveren of het eerst laten afkoelen.

Gebakken pinda's

500 gram gepelde, ongebrande pinda's
2 tenen knoflook, geperst
1 theelepel zout
1/4 liter zonnebloem- of arachide-olie

Leg de pinda's in een kom. Bestrooi ze met zout en met het knoflook uit de knijper. Giet er zoveel water over dat de pinda's precies onder staan. Laat de pinda's zo een half uur staan. Giet het water af en laat de pinda's goed uitlekken. Verwijder vervolgens het velletje, door de pinda's tussen duim en wijsvinger te wrijven. Dep de pinda's droog met keukenpapier. Verhit de olie en bak hierin de helft van de pinda's in ongeveer vijf minuten onder goed roeren bruin. Haal ze met een schuimspaan uit de pan en laat ze op keukenpapier uitlekken. Bak vervolgens op dezelfde manier de andere helft van de pinda's. Laat ze goed afkoelen.

Aardappelfrikadel

1 kilo aardappelen
1 ui
selderij
2 theelepels sambal oelek
2 tenen knoflook uit de knijper

Schil de aardappelen en kook ze gaar. Stamp ze goed fijn. Maak de ui schoon en snipper hem fijn. Hak zo veel selderij fijn, dat u ca. 4 eetlepels overhoudt. Meng de aardappelpuree met de sambal, de ui, het knoflook en de selderij en werk alles goed door elkaar. Klop het ei los en werk dit er ook doorheen. Vorm van de aardappelpuree ballen en plat die af. Bak ze aan beide kanten in hete olie bruin en gaar.

Roedjak manis

1 komkommer
2 zure appelen
2 niet te rijpe peren
1 mango
1 doosje aalbessen
1 plak Javaanse suiker van ca. 1 cm. (in dit geval niet te vervangen door bruine suiker)
3 eetlepels ketjap manis
2 theelepels sambal oelek
2 eetlepels azijn

Schil de komkommer en snijd hem in blokjes. Schil de appelen en snijd ze in blokjes en doe hetzelfde met de peren en de mango. Rits de aalbessen en spoel ze goed af.
Meng fruit en groente goed met elkaar.
Maak vervolgens de saus door in een pannetje met dikke bodem suiker op te lossen in 2 eetlepels warm water. Giet er vervolgens de ketjap en de azijn bij en voeg de sambal toe. Laat even pruttelen. Het is de bedoeling dat er een vrij dikke, stroperige saus ontstaat.
Giet deze saus over het vruchten-groentemengsel en schep alles goed door elkaar.

Roedjak uit Soerabaja

1 verse ananas
1 komkommer
100 gram sperziebonen
2 appelen
100 gram taugé
1 manga (indien verkrijgbaar)
150 gram Javaanse suiker of 300 gram bruine suiker
2 theelepels sambal trassi
1 eetlepel vloeibare tamarinde
1 eetlepel petis

Schil de ananas zo dik dat de bruine pitten verwijderd worden. Snijd de ananas in plakken en boor er met een glaasje de harde kern uit. Snijd het vruchtvlees in stukjes en laat deze uitlekken.
Haal de sperziebonen af en breek ze doormidden. Kook ze beetgaar. Was de komkommer niet, maar boen hem goed schoon en snijd hem in blokjes. Laat deze eveneens uitlekken.
Schil de appelen en snijd ze in blokjes.
Was de taugé, verwijder de groene vliezen en blancheer hem door er kokend water op te gieten.
Meng groenten en vruchten met elkaar en laat even intrekken.
Wrijf vervolgens suiker, sambal, tamarinde en petis tot een brij. Giet er 3 eetlepels heet water bij, roer alles goed door en giet de saus over de vruchten en groenten.

Gebakken maïskoekjes

1 klein blik maïskorrels
1 ui
2 tenen knoflook, geperst
1 theelepel ketoembar
1 eetlepel bloem
4 takjes selderij
1 theelepel sambal manis
1 eetlepel ketjap
1 ei

Doe de maïs met het vocht in een schaal. Maak de ui schoon en snipper hem fijn. Voeg ui, knoflook, sambal, ketjap en ketoembar bij de maïs. Roer er vervolgens het losgeklopte ei door en voeg de bloem toe. Was de selderij en hak de blaadjes fijn. Roer deze eveneens door de maïs. Bak van dit deeg in hete olie koekjes, die aan beide kanten bruin moeten worden.

Moendoe-moendoe

200 gram tartaar
2 uien
2 tenen knoflook, geperst
2 gepofte kemiries
1 theelepel laos
2 theelepels sambal manis
1 eetlepel petis
2 eetlepels vloeibare tamarinde
$^{1}/_{10}$ blok santen

Maak de uien schoon en snipper ze fijn. Wrijf ui, knoflook, kemiries, sambal, laos en petis tot een brij. Fruit deze in wat hete olie aan, zet het vuur wat lager en laat de kruiden onder goed roeren nog enkele minuten sudderen. Voeg de tartaar toe en laat deze rul bakken. Roer alles steeds goed om.
Doe vervolgens de tamarinde erbij, evenals 3 eetlepels water. Los de santen in het gerecht op. De moendoe-moendoe serveert u als bijgerecht en roert u door gebakken of witte rijst.

Kokosballetjes

100 gram gemalen kokos
1 ui
3 tenen knoflook, geperst
1 theelepel ketoembar
2 eetlepels bloem
1 ei

Maak de ui schoon en snipper hem fijn. Wrijf ui, knoflook en ketoembar tot een brij. Doe de gemalen kokos in een kom en voeg de uienbrij toe. Meng alles goed. Roer er dan de bloem en het losgeklopte ei door. Vorm van deze massa balletjes en bak deze in hete olie goudbruin. Laat ze uitlekken op keukenpapier.

Frikadel kentang

500 gram aardappelen
100 gram half-om-half gehakt
1 prei
3 takjes selderij
1 theelepel sambal manis
3 eierdooiers
1 theelepel geraspte nootmuskaat
paneermeel

Kook de aardappelen gaar in de schil, laat ze afkoelen en pel ze. Maak de prei schoon en snipper hem zeer fijn. Prak de aardappelen met het gehakt en voeg de prei toe. Was de selderijtakjes, hak de blaadjes fijn en meng ze met het gehakt. Maak op smaak af met sambal en nootmuskaat en roer er ten slotte de losgeklopte eieren door. Vorm van dit mengsel ronde platte koekjes. Klop het derde ei los en wentel de koekjes eerst door het ei en vervolgens door het paneermeel. Bak de frikadellen in hete olie op niet te hoog vuur aan beide zijden goudbruin.

Garnalenkoekjes

200 gram Hollandse garnalen
3 eetlepels bloem
1 theelepel djinten
1 theelepel ketoembar
3 tenen knoflook, geperst
1/8 blok santen
1 ei

Los de santen op in een kopje heet water. Roer de bloem en het ei erdoor. Voeg de djinten, de ketoembar en het knoflook toe en meng alles goed. Roer er ten slotte de garnalen door. Verhit olie in een koekenpan en bak van het beslag kleine (pannen)koekjes.

Desserts

Indonesische broodpudding

1 gesneden oud bruinbrood
4 eieren
6 eetlepels Javaanse suiker of
12 eetlepels bruine suiker
1 vanillestokje
½ liter melk
150 gram rozijnen
mespunt zout
100 gram boter

Snijd de korsten van het brood en week het in water gedurende tien minuten. Knijp het brood vervolgens goed uit. Splijt het vanillestokje en laat het in de melk trekken. Voeg ook de rozijnen bij de melk en laat de melk zo tien minuten staan. Haal het vanillestokje uit de melk en hak het fijn. Klop de eieren los en roer de melk en de rozijnen erdoor. Werk het brood goed door de eiermassa. Beboter een ovenschotel en doe de broodpudding erin. Leg er hier en daar een klontje boter op. Verwarm de oven voor op 200° of stand 4-5. Laat de pudding in zo'n veertig minuten bruin en gaar worden.

Rijst met stroop

200 gram kleefrijst
150 gram gemalen kokos
150 gram Javaanse suiker (in dit gerecht niet te vervangen door bruine suiker)

Was de kleefrijst in een zeef onder stromend koud water goed. Zet de rijst op met 4 deciliter water en 50 gram gemalen kokos. Kook de rijst in ongeveer een halfuur gaar. Doe de Javaanse suiker met 4 eetlepels water in een pannetje. Breng het aan de kook en kook de suiker onder goed roeren tot een stroop. Voeg zonodig nog wat water toe. Verdeel de rijst over diepe borden, giet er de stroop overheen en serveer de rest van de kokos er apart bij.

Spekkoek

170 gram boter
170 gram suiker
90 gram bloem
1 theelepel koekkruiden
2 theelepels kaneel
1 theelepel geraspte nootmuskaat
1 theelepel piment
2 zakjes vanillesuiker
5 eieren

Zorg ervoor dat de boter op kamertemperatuur is. Roer boter en suiker schuimig.
Splits de eieren. Voeg de dooiers een voor een aan het botersuikermengsel toe. Roer alles weer schuimig.
Meng bloem, koekkruiden, kaneel, nootmuskaat, piment en vanillesuiker met elkaar.
Meng dit geheel lepel voor lepel met het botermengsel. Sla de eiwitten stijf en spatel deze voorzichtig door het deeg. Vet een cakevorm goed in met gesmolten boter.
Giet er een dun laagje deeg in.
Schuif de vorm in een op 160° of stand 2 voorverwarmde oven en bak het laagje lichtbruin en net gaar. Bestrijk het laagje met boter en leg hierop weer een laagje deeg, dat u eveneens lichtbruin en net gaar laat worden. Besmeer dit weer met boter en ga zo door tot het deeg op is. Laat de spekkoek dan nog tien minuten doorbakken en zet vervolgens de oven uit. Laat de koek nog een kwartier in de vorm afkoelen alvorens hem uit de vorm te storten. Laat goed afkoelen en snijd de spekkoek in dunne plakjes.

Roti koekoes

500 gram zelfrijzend bakmeel
500 gram bruine basterdsuiker
8 eieren
3 eetlepels cacaopoeder

Splits de eieren. Klop de dooiers schuimig met de suiker. Meng er vervolgens het meel door en blijf kloppen tot u een glad deeg heeft.
Klop 4 eiwitten stijf. Werk deze voorzichtig door het deeg.
Splits het deeg in tweeën. Meng door de ene helft het cacaopoeder.
Beboter een cakevorm. Leg hierin steeds een laag wit beslag, dan weer een laag bruin, dan weer een laag wit en zo verder tot het deeg op is.
Zet de vorm ca. 45 minuten in een op stand 3 of 175° voorverwarmde oven. Probeer na die tijd of het gebak gaar is. Een satépen of -stokje dat u in het gebak steekt, moet er schoon weer uitkomen.

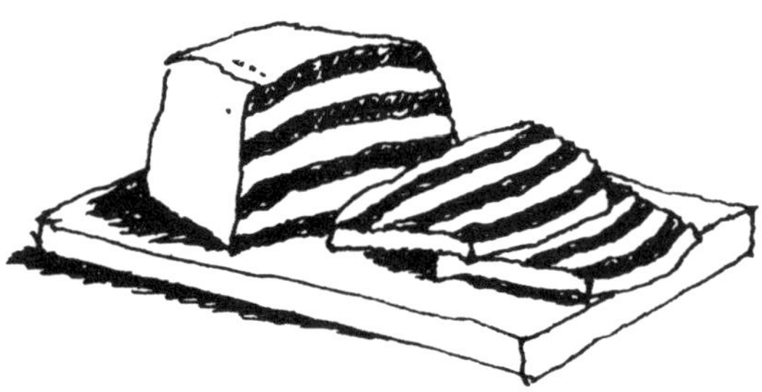

Kwee mangkok

100 gram zelfrijzend bakmeel
100 gram Javaanse suiker of 200 gram bruine basterdsuiker
75 gram gemalen kokos

Doe meel, suiker, kokos en een snufje zout in een kom en meng alles goed. Giet er 1½ deciliter water bij en roer alles tot een glad beslag. Vet een cakevorm in met olie. Vul de vorm met het deeg. Verwarm de oven voor op 200° of stand 5. Zet de cakevorm in een braadslede en giet zoveel kokend water in de braadslee dat de vorm tot de helft in het water staat. Laat de kwee mangkok in drie kwartier gaar worden.
Steek na verloop van de drie kwartier een satépen of -stokje in het gebak. Wanneer het gaar is komt het stokje of de pen er schoon uit. Zo niet, dan moet de kwee mangkok nog wat langer bakken.

Sesamkoekjes

5 eieren
250 gram bruine basterdsuiker
5 eetlepels geraspte gedroogde kokos
650 gram maïzena
6 eetlepels sesamzaadjes

Klop de eieren schuimig met de suiker. Bak de kokos in een koekenpan zonder boter even aan, tot hij licht begint te kleuren. Klop de kokos door het eiermengsel en roer er vervolgens de maïzena door. Maak van het geheel een luchtig deeg. Rol het deeg uit en steek of snijd er koekjes van. Bestrooi elk koekje aan de bovenkant met sesamzaadjes. Verwarm de oven voor op 200°. Beboter een bakblik en leg hier de koekjes op regelmatige afstand van elkaar op. Zet de koekjes in de oven en laat ze in ongeveer vijftien minuten bruin en gaar worden.

Javaanse pudding met mangga

½ liter kokosmelk, gemaakt van santen
40 gram maïzena
2 eieren
50 gram Javaanse suiker of 100 gram bruine suiker
2 mangga's

Doe de suiker met ½ deciliter water in een steelpannetje met dikke bodem en laat de suiker op laag vuur onder goed roeren smelten. Breng de kokosmelk aan de kook, roer de maïzena erdoor, zet het vuur laag en kook er een dikke pap van. Laat de pap onder af en toe roeren afkoelen. Roer de gesmolten suiker erdoor. Splits de eieren. Roer de dooiers door de pap en sla de eiwitten goed stijf. Spatel deze voorzichtig door de pap. Doe het mengsel over in een met koud water omgespoelde puddingvorm en laat de pudding in de koelkast goed koud worden en opstijven. Was de mangga's goed, schil ze en snijd het vruchtvlees in partjes. Garneer hiermee de pudding.

Banaanbeignets

8 grote, rijpe bananen
300 gram zelfrijzend bakmeel
3 deciliter melk
1 ei
75 gram basterdsuiker

Klop van het zelfrijzend bakmeel, de melk, het ei, de suiker en een mespuntje zout een glad beslag. Pel de bananen en snijd ze in grote stukken. Haal de stukken eerst goed door het beslag, zodat ze eraan alle kanten mee bedekt zijn en bak ze vervolgens in hete olie knapperig bruin. Desgewenst kunt u de beignets met poedersuiker bestrooien alvorens ze te serveren.

Kwee talam

95 gram maizena
8 deciliter melk
250 gram Javaanse suiker of
500 gram bruine suiker
1 zakje vanillesuiker

Roer de maïzena met een scheutje melk tot een glad papje. Breng 1/2 liter melk aan de kook met de Javaanse suiker of de bruine suiker. Giet er onder goed roeren het maïzenamengsel bij. Laat even afkoelen. Spoel een glazen schaal om met koud water. Giet het mengsel hierin. Breng 1/4 liter melk aan de kook met het zakje vanillesuiker en de resterende 20 gram maïzena. Laat even doorkoken en zorg ervoor dat er geen klontjes in het mengsel zitten. Schenk dit ook in de schaal en laat alles goed afkoelen. Zet het voor het serveren nog een paar uur in de koelkast.

Ambonese pudding

5 eetlepels maïzena
120 gram Javaanse suiker of
240 gram bruine suiker
$^{1}/_{10}$ blok santen
1 zakje vanillesuiker

Roer de maïzena met 3 deciliter water tot een glad papje. Breng 3 deciliter water aan de kook en los er de suiker en de santen in op. Roer er vervolgens een mespuntje zout en het zakje vanillesuiker door. Neem de pan van het vuur en roer het maïzenapapje erdoor. Zet de pan vervolgens op laag vuur en roer tot een dikke vla ontstaat. Stort deze in een met koud water omgespoelde puddingvorm en laat de pudding in de koelkast opstijven. Licht geslagen slagroom hierbij is niet authentiek, maar wel lekker.

Bananenkoekjes

3 eieren
3 rijpe bananen
3 eetlepels zelfrijzend bakmeel
3 eetlepels witte suiker
1 eetlepel kaneelpoeder

Prak de bananen fijn. Klop de eieren schuimig en roer de bananenmoes erdoor. Voeg vervolgens het meel toe en roer en prak tot alles goed gemengd is. Vorm hiervan vier koekjes. Bak deze in hete olie aan beide kanten bruin en gaar. Meng suiker en kaneel en bestrooi de bananenkoekjes hiermee. U kunt deze koekjes ook als bijgerecht bij de rijsttafel geven. Ze zijn dan een variatie op de gebakken banaan. In dat geval laat u het suiker-kaneelmengsel weg.

Rijstkoek uit Timor

250 gram ketan
1/8 blok santen
200 gram Javaanse suiker of 100 gram bruine basterdsuiker
2 salamblaadjes

Was de ketan onder stromend water in een zeef.
Zet de ketan op met 4 deciliter water en breng het water aan de kook. Zet het vuur dan laag en laat de ketan verder gaar worden.
Zet wanneer het water verdampt is het deksel schuin op de pan, zodat de kleefrijst niet helemaal zacht wordt.
Smelt intussen de suiker in een pannetje met dikke bodem in 1 deciliter water tot een stroop. Doe er de salamblaadjes tijdens het smelten bij.
Wanneer de suiker helemaal is opgelost, verwijdert u de blaadjes en giet u vervolgens de stroop beetje bij beetje bij de warme ketan. Voeg pas weer stroop toe wanneer de vorige hoeveelheid helemaal is opgenomen. Zet de rijst nu op klein vuur en laat zolang koken tot het vocht geheel verdampt is en de ketan mooi glanst. Stort de rijst in een met olie ingevette schaal en laat de ketan afkoelen.
Snijd de koek voor het serveren in punten.

Register

Aardappelfrikadel 304
Abon 101
Ajam besengek 142
Ajam blado 132
Ajam opor 154
Ajam pangang 1 144
Ajam pangang 2 153
Ajam pangang boemboe besengek140
Ajam pedis 139
Ajam sambal 150
Ajam setan 137
Ambonees groentegerecht 223
Ambonese pudding 322
Asem garem van vis 54
Assam manis van schol 50
Atjar 294
Atjar babi 122
Atjar ikan 48
Atjar met mosterd 297
Atjar tjampoer 299
Atjar van biet 398
Atjar van komkommers 296
Atjar van rode uien 295
Atjar van tomaten 300
Atjar van varkensvlees 301
Aubergines in eiersaus 194
Aubergines uit Ambon 195
Aubergines uit Medan 219

Babi ananas 83
Babi koening 93
Babi pangang 92
Babi sajuran 124
Balinees rundvlees 112
Balinese krabbetjes 82
Balinese maïskoekjes 217
Balinese sajoer 251
Bami uit Java 232
Banaan met gember en slagroom 325
Banaanbeignets 320
Bananenkoekjes 323
Biefstuk met amandelen 128
Boemboe babi tjin 129
Boemboe bali 133
Boemboe bali van kabeljauw 67
Boemboe bali van vlees 130
Boemboe ketjap van schelvis 58
Boemboe roedjak 60
Bogorese tomatensla 199
Bokkingkoekjes 72

Cor's nasi boentjies 225
Cor's saté babi 187

Daging brambang 95
Dendeng boemboe 109
Dendeng ragie 100
Dendeng teri 98
Duivelse kip 135

Eend uit Bali 169
Eenvoudige pindasaus 284
Eierenbesengek 25
Eieren in ketjap 27
Eieren met petis 28
Empal 117
Empal daging 119

Frikadel kentang 310

Gado-gado 220
Gadon ajam 18
Garnalen uit Maleisië 61
Garnalenfrikadellen 56
Garnalenkoekjes 311
Garnalenpannekoek 39
Garnalensoep 263
Gebakken bananen 205
Gebakken maïskoekjes 307
Gebakken pinda's 303
Gebakken tahoe 240
Gebakken tahoe met garnalen 13
Gebakken tempé 1 242
Gebakken tempé 2 243
Gehakt in koolbladeren 17
Gehaktballetjes uit Sumba 105

Gehaktschotel uit Ambon 110
Gekookte gemengde groente 216
Gekruide gebakken runderniertjes 81
Gekruide roereieren 24
Gekruide sardines uit Borneo 43
Gekruid rundvlees 1 80
Gekruid rundvlees 2 111
Gemengde groente in het zuur 207
Geroosterde vis uit Java 62
Gestoofd lamsvlees 96
Gestoofd varkensvlees uit Medan 99
Gestoomd sambaltaartje 279
Gestoomde gekruide tartaar 106
Gevulde eieren 33
Gevulde kip 146
Gevulde omelet 1 23
Gevulde omelet 2 35
Gevulde pepers 221
Gevulde tomaten 222
Goelai van schapevlees 77
Groentepetjel 201
Groentesalade met kokossaus 214
Groentetahoe 238

Hachee uit Timor 91
Hapje van kleefrijst 15

Indisch rundvlees 114
Indische bami 233
Indische groenten-vruchtensalade 218
Indische pasteitjes 19
Indische salade 208
Indonesische aardappelkoekjes 215
Indonesische broodpudding 313
Indonesische frikadellen 115
Indonesische kippenbouten 160
Indonesische kippensoep 11

Javaanse gehaktballetjes 87
Javaanse kip 161
Javaanse lotek 196
Javaanse pudding met mangga 319
Javaanse smoor van kip 136

Kabeljauw in gembersaus 59
Kabeljauw in kokos 51
Kabeljauw met paprika 55
Kabeljauwfilet in pindasaus 46
Karbonades in sojasaus 108
Kelia 162
Ketjapkarbonades 121
Ketjapsaus 285
Ketjapsaus met gebakken kokos 289
Ketjapsaus met gebakken tempé 283
Kip in gele saus 145
Kip in roedjaksaus 134
Kip met kokos 141
Kip met taugé 156
Kip uit Java 157
Kip uit Sumba 165
Kipfilets met garnalen 158
Kipfilets in kerrie 159
Kippenbouten uit Djakarta 147
Kippenlevers uit Maleisië 151
Kippenvleugels in ketjap 155
Kokos met pinda's 302
Kokosballetjes 309
Kokoscake uit Sumatra 326
Komkommerpetjel 202
Kruidige nasi 228
Kwee mangkok 317
Kwee talam 321
Lamsvlees met aardappelen en aubergines 79
Lekkerbekjes in taotjosaus 49
Lever uit Sumatra 86
Lotek met petjilsaus 203

Maïs-aardappelschotel 200
Makreel in het zuur 47
Makreel in sambalsaus 52
Maleisisch rundvlees 1 102
Maleisisch rundvlees 2 123
Mangoet koening 71
Mangoet oblok oblok 45
Mangoet van bokkingen 53
Martabak 10
Moendoe-moendoe 308

Mosterdkip 163

Nasi goreng 230
Nasi goreng ajam 227
Nasi gorih 229
Nasi keboeli 226
Nasi koening 231
Nasi langie 234

Omelet met garnalensaus 38
Omelet met kippelevertjes 31
Omelet uit Java 29
Omelet uit Padang 36
Omelet van eende-eieren met kokos 34
Opor daging 75
Opor van kip 152
Orek arak 193

Padangse omelet 40
Pangang kambing 104
Pangsit goreng 16
Pepervis 57
Petissaus 288
Petjal ajam 166
Petjilsaus 290
Piendang ajam 138
Piendang boontjes 204
Piendang daging 76
Piendang ikan ketjap 42
Piendang ketjap 44
Pikante bokkingen 64
Pikante garnalen 65
Pikante kip 143
Pikante pasteitjes 14
Pikante varkenslapjes met knolselderij 78
Pinda-chutney 287

Rendang 125
Rijst met stroop 314
Rijstkoek uit Timor 324
Ritjah 90
Roedjak manis 305
Roedjak uit Soerabaja 306
Roti koekoes 316
Runderlapjes in paneermeel 118
Rundvlees met taugé 88
Rundvlees uit Celebes 89
Rundvlees uit Semarang 103

Sajoer asem 259
Sajoer bajem 250
Sajoer bening 262
Sajoer boemboe tjemplung 261
Sajoer kerrie 252
Sajoer koening 265
Sajoer lodeh 257
Sajoer met garnalen 246
Sajoer met lever 247
Sajoer met tahoe en tempé 255
Sajoer van aubergines 258
Sajoer van bamboescheuten 264
Sajoer van groenten 260
Sajoer van groenten en kerrie 254
Sajoer van pepers 249
Sajoer van raapstelen 248
Sajoer van taugé 266
Sambal babi taotjo 84
Sambal badjak 270
Sambal brandal 271
Sambal djeroek 273
Sambal eieren 37
Sambal goreng aardappelen 212
Sambal goreng kool 213
Sambal goreng van eieren met petis 22
Sambal goreng van kalfslever 127
Sambal goreng van kippenlevers 149
Sambal goreng van savooienkool 198
Sambal goreng van snijbonen 197
Sambal goreng van taugé 211
Sambal goreng van tomaat 281
Sambal manis 269
Sambal met pindakaas 274
Sambal met rauwe sjalotten 272
Sambal oelek 269
Sambal omelet 30
Sambal petis 275

Sambal taotjo 276
Sambal trassi 269
Sambal van gedroogde garnalen 280
Sambalboontjes 210
Sambalgehakt 278
Sambaltartaar 277
Saté ajam 188
Saté ajam uit Timor 190
Saté babi 182
Saté babi Madura 183
Saté goerie 186
Saté manis 184
Saté manis uit Java 185
Saté uit Bali 176
Saté van biefstuk 181
Saté van gehakt 189
Saté van geitenvlees 179
Saté van grote garnalen 180
Saté van lever en varkenshaas 177
Saté van makreel 175
Saté van mosselen 191
Saté van pepers 174
Saté van schapenvlees 178
Satésaus uit Bandung 286
Schelvis in ketjapsaus 69
Schelvis met kemiriesaus 73
Schelvispakketjes 66
Schol met gember 68
Schol uit Timor 63
Semoer daging 85
Semoer van vlees 97
Sesaté ikan 173
Smoor tjeplok 32
Smoor van aubergine en tomaat 209
Smoor van eend 168
Smoor van kipfilets 164
Smoor van rundertong 116
Smoor van rundvlees 94
Soep van lamsvlees 20
Soto ajam 148
Soto ajam uit Madura 167
Sop djawa 12
Soto madoera 256
Sesamkoekjes 318
Speciale kipsatés 172
Spekkoek 315

Tahoe en tempé met boontjes 241
Tahoe pedis 244
Tahoe taotjo 237
Tahoe telor 239
Taugéschotel 206
Telor asin 26
Terih van lever 113
Toemis tahoe met taugé en garnalen 236
Tomatengembersaus 291
Tomatenketjapsaus 292
Tonijn in ketjapsaus 70
Tumis met tahoe 253

Varkensvlees in limoensap 107
Varkensvlees in pindasaus 126
Varkensvlees met tomaten en aubergines 120

Zwartzuur van eend 170